门萨智力大师系列

SUDOKU
门萨
数独游戏
500题

〔英〕迈克尔·里奥斯 著

人民文学出版社
PEOPLE'S LITERATURE PUBLISHING HOUSE

著作权合同登记号　图字 01-2022-1599

Copyright © 2005 by Michael Rios
Original Title：Mensa Sudoku
This book has been published by arrangement with
Sterling Publishing Co.，Inc.，387 Park Ave. S.，New York，
NY 10016.

图书在版编目(CIP)数据

门萨数独游戏 500 题/(英)迈克尔·里奥斯著.—
北京：人民文学出版社,2022
（门萨智力大师系列）
ISBN 978-7-02-017336-5

Ⅰ.①门… Ⅱ.①迈… Ⅲ.①智力游戏　Ⅳ.
①G898.2

中国版本图书馆 CIP 数据核字(2022)第 130032 号

责任编辑　卜艳冰　周　洁
装帧设计　李苗苗

出版发行　人民文学出版社
社　　　址　北京市朝内大街 166 号
邮政编码　100705

印　　制　凸版艺彩(东莞)印刷有限公司
经　　销　全国新华书店等

开　　本　720 毫米×1000 毫米　1/16
印　　张　19.75
字　　数　250 千字
版　　次　2022 年 9 月北京第 1 版
印　　次　2022 年 9 月第 1 次印刷

书　　号　978-7-02-017336-5
定　　价　98.00 元

如有印装质量问题,请与本社图书销售中心调换。电话:010 - 65233595

什么是"门萨"？

"门萨"是世界顶级高智商俱乐部的名称。

它拥有十万多名会员，遍及全球四十多个国家。

俱乐部的宗旨是：

从人类利益出发，确认、培养以及巩固人类智力；

鼓励开发研究人类智力的本能、特征和用途；

为其会员提供宝贵的智力激发、交流和发展的机会。

任何智力测试得分在世界人口前2%的人都有资格成为门萨俱乐部的一员——您是我们一直在寻找的那"2%"吗？

门萨俱乐部成员享有以下权益：

国内外线上线下社交活动；

量身打造的兴趣小组——从艺术到动物学研究，百余种选择只为迎合您的兴趣爱好；

会员月刊和当地活动时讯；

同城聚会——从游戏竞技到小食、酒水聚会；

国内其他城市及国外周末聚会和会议；

激发智力的讲座与研讨会；

享受SIGHT（国际向导和接待游客）组织所提供的服务。

关于数独游戏

作为一款近年来十分流行的逻辑游戏，数独游戏的规则十分简单：

只需在空格中填上数字，使得每一行、每一列以及每一个3×3空格所组成的方块包含1到9的全部数字，且每一行、每一列以及每一个3×3空格所组成的方块中没有重复的数字出现。

	A	B	C	D	E	F	G	H	I
J									
K				2			1	8	4
L	9		5		7		2		6
M	1		4	3	9	2		7	
N				7		6			
O		7		1	4	8	9		2
P	3		2		6		8		5
Q	8	4	9		3				
R									

数独游戏的数字组合变幻莫测，并且涵盖多个难度，您可能很快就能解决一道谜题，也有可能需要花几个小时才能破解

一道谜题。当您坚持不懈地攻克这些谜题时，会发现数字填得越多，破解起来就越容易。

本书共有534道数独谜题，难度从易到难，并附有答案。

祝您解题愉快！

	A	B	C	D	E	F	G	H	I
J	4	2	1	6	8	3	5	9	7
K	7	3	6	5	2	9	1	8	4
L	9	8	5	4	7	1	2	3	6
M	1	5	4	3	9	2	6	7	8
N	2	9	8	7	5	6	4	1	3
O	6	7	3	1	4	8	9	5	2
P	3	1	2	9	6	7	8	4	5
Q	8	4	9	2	3	5	7	6	1
R	5	6	7	8	1	4	3	2	9

（已完成的数独题）

1.

2		9					6	
	1		4	6	3		2	
		4			5	7		
					8		3	9
			5	7	9			
9	8		3					
		2	6			4		
	7		9	8	4		5	
	9					8		6

2.

	6		2			9	1	
	5		6					3
	8			7	4			
		2		5		6	8	
			4		9			
	7	5		1		3		
			5	6			3	
6					3		7	
	2	3			8		6	

3.

8		5			2			1
		6				7		
7	1		5			4	8	
		8	4		6			3
			2		3			
6			8		7	5		
	6	7			8		5	4
		1				8		
3			9			1		6

4.

		8		2	6			1
9			1					
		5	3	9			6	
3			2				7	
7		2				5		4
	6				4			3
	8			3	2	1		
					7			9
5			8	6		3		

5.

	9			4				8
		8		3	9			
	2					5	9	6
9			1	8				
8	7						4	3
				6	7			2
7	6	4					5	
			7	5		8		
3				9			7	

6.

	5	3			6			2
		1			2			5
		2	5			3	4	8
	3	7						
1				6				3
						1	2	
3	2	8			1	7		
6			4			8		
4			8			2	3	

7.

5	8			2		4	9	
			9	4	8		2	
					7	8		
			3	7	6			2
		3				6		
6			8	9	4			
		1	7					
	3		2	8	5			
	6	9		1			8	5

8.

4			5					8
	9		6		3			
5		7		1	8			
	1					4		6
7		6	4		5	8		9
8		9					5	
			2	5		6		7
			8		7		3	
6					4			5

9.

6			9	7	1			8
	2				5	4		6
		8		4				
	5			6			3	9
		6				2		
8	3			4			5	
			8			7		
7		3	5				4	
2			4	9	7			3

10.

	3	7	4	5		9	2	
		1			9			
		6		7	3			
	1							2
2		5				6		7
6							9	
			3	4		2		
			5			7		
	5	3		9	6	8	4	

11.

		7		4		9	6	
					2	8		5
8			9				3	
	9				7			2
6	1						5	9
7			2				8	
	7				5			8
2		4	7					
	6	3		9		1		

12.

6		9			7		8	
	3			6				7
	4		9				2	
		3		2	1	8		
4			7		3			5
		2	5	8		3		
	9				6		3	
2				4			6	
	5		2			7		8

13.

		7	9				3	6
	3			8	2			1
		5			6			
5			1				6	
9			8	6	3			5
	2				9			8
			4			9		
7			2	9			5	
4	5				7	2		

14.

				1			3	
	1		8				4	2
			5	4	7	8	1	
				6		1		
2	6						7	3
		9		5				
	8	3	6	2	1			
1	4				5		6	
	5			9				

15.

1	9		3					
	7	5				6		
		2			4			1
					8		4	6
3		1	2		6	5		7
2	6		7					
6			8			3		
		9				1	6	
					9		7	8

16.

	9	3		5		6	2	
			4			8	5	
			9	1				3
	5				9	7		2
1		2	3				8	
2				3	6			
	7	9			1			
	6	8		9		3	1	

17.

		8						
3		7		4		2		5
				7		1	9	
	5	6			7		8	9
			3		8			
8	2		9			6	4	
	8	4		3				
2		5		8		4		1
						8		

18.

		7			1		9	
			3	8		5		
9	3		4				1	6
	2			6				1
6								9
1				5			3	
5	6				7		8	3
		2		9	3			
	4		8			7		

19.

		3						
1			6		3	4		5
7		6					3	
	1		3	6				
6		5	7	4	1	9		8
				9	5		6	
	6					2		9
3		8	1		2			7
						1		

20.

4			3					
	9		4			5	8	
			8	6		3		
8		4	6		2			9
	6						1	
2			5		1	8		6
		1		8	6			
	2	3			4		9	
					3			2

21.

8		4		1	2			
5				4			1	6
		2					4	8
	8	9	4		3			
6								7
			8		9	3	2	
3	2					1		
9	1			5				3
			1	3		9		2

22.

8			5				2	1
		2	9		1		4	
		6			4		5	
	3	7				4		
			8		2			
		8				3	9	
	7		3			1		
	2		1		8	5		
1	8				5			4

23.

5	2		6	4				
	1		9					
9	3	4		7				
		1			7	6	9	
			8	5	9			
	9	8	3			2		
				6		7	2	9
					3		6	
				8	4		5	3

24.

				5	8	2	6	
			7			5		3
					2		9	4
	9			6	4	7		
2								6
		3	1	2			8	
3	1		2					
5		7			1			
	2	6	8	4				

25.

	8		5			1	6	9
	5				2			
9	3		8	6				
			6	2		9		
5		8				6		4
		9		5	8			
				4	6		8	7
			2				3	
2	1	4			3		9	

26.

			1		7			
3			6		2			5
		7	3				8	
	5					9	2	
4		9	8	1	5	6		7
	7	3					5	
	3				8	1		
1			5		4			9
			7		1			

27.

			2			5		4
4						6	9	
	1					9		2
3						1	2	6
2	8						5	9
6	5	1						3
1			4				6	
		4	8					7
	9		6		7			

28.

					5	8		
9			3			7	6	1
	8					4	9	
	3		7		2		1	
2								8
	1		5		6		7	
	9	3					4	
1	4	7			9			6
		8	6					

29.

		9	2				8	
8			3		4		7	6
	7		9				1	
	8	5		7				
			1		6			
				8		6	2	
	5				3		9	
2	4		7		1			8
	9				5	2		

30.

		1						6
	5				7	3		
4		8	6	2		7		
			4		8	5		3
9								8
7		3	9		2			
		2		9	5	6		7
		4	7				3	
3						9		

31.

	3	1	2	4	6			
		5	9				4	
	8		1					
		8	5				9	7
		4			9			
9	2				7	3		
					1		6	
	1				4	5		
		6	5	2	7	1		

32.

				3	7		9	1
2		5				3		
	1			9				
1	7	9				6		
5	4			6			7	8
		8				9	5	2
				4			2	
		6				8		3
9	5		1	8				

33.

4		7						1
6					7	5		2
	2		5	4			7	
9	6			3				
			6		4			
				8			9	3
	8			7	9		6	
1		4	2					9
3						7		8

34.

		3		8				6
	7				5	9		4
	9	5	4		1	2		
			8					9
		4				6		
9					2			
		9	3		7	8	4	
3			1	5			9	
2				1		5		

门萨数独游戏500题

35.

3	5	9			6		4	
	8		4			9		
					7		2	
	4						7	
5	1		2	8	9		3	4
	9						8	
	3		9					
		4			8		6	
	2		7			5	9	8

36.

			5	2				9
	2	8	9		7		1	
	9		8					
7		6		5				
	3	4				5	6	
				6		8		1
					9		3	
	6		3		2	4	7	
2				4	5			

37.

	4	8						
	1		9	8	3	4		
2			4					
5				7		1	4	
7			1		6			3
	3	6		5				2
					9			4
		2	5	4	7		6	
						5	7	

38.

7								4
		3	5				9	
8			4	3		5	7	1
				7	8	2		
			1	6	2			
		9	3	4				
3	7	8		2	4			9
	4				3	6		
2								7

39.

	8		3		6	9		4
	9	2		5				
	6							5
2	1			8		3		
			5		7			
		8		3			9	2
7							1	
				7		2	5	
6		3	1		2		7	

40.

			4	1			9	5
	4					2		7
	9	5			7	3	1	
8				2				
			1		4			
				5				6
	1	4	9			6	2	
5		9					4	
7	6			4	8			

门萨数独游戏500题

41.

		3	1			9	6	
				6		7	1	
	5	1						8
	8		9					3
	3	7	8		4	1	5	
1			5				8	
3						8	7	
	4	2	6					
	7	6		8		2		

42.

			1			5		
	3			2				4
1		4		7	2	6	9	
			9	5	8			
4	5					3	7	
		9	7		3			
9	7	1	8			3		6
3			2			7		
	2		7					

43.

	9	4	5		7	2		
	3	6						1
2					1			
		1	4				5	8
3	8						4	9
9	4				8	6		
			6					7
6						9	1	
		9	1		2	4	3	

44.

	9	4		1	2	5		
	8	1						
5			9	6		2		
							6	5
4		5				8		3
9	7							
		6		4	9			1
						6	8	
		9	6	7		3	5	

45.

	8			6			4	
9	5			4			2	8
			8			6	1	
			5		8	9		3
		9				4		
3		8	4		9			
	1	5			3			
4	7			8			3	6
	9			5			7	

46.

1	9	5		7	3			
7			2					
						5		
	8	2	3			1		
4	3		6		1		8	5
		7			9	6	2	
		4						
					4			8
			9	6		2	4	7

47.

					7		8	3
		6	2		8			
3	2		4	1				
					4	9	6	2
	6						5	
4	5	2	8					
				8	1		7	6
			3		9	8		
7	8		6					

48.

6		4	5	7	9			
7			6		1		5	
		9					7	3
		3						
9	4						2	1
						9		
4	5					1		
	8		9		5			6
			7	1	2	5		8

49.

		2	8			3		4
3	5		2	9				
		1		5		9	8	
5				6				
			4		9			
				1				8
	3	7		8		2		
				4	7		6	5
1		5			6	8		

50.

				6				7
	7	1	9		2			
5	8					1	6	
	2		7	9			4	
8				5				1
	9			4	1		2	
	5	8					1	4
			4			7	3	5
3				1				

51.

9			8	7	2	1		
	4	5	3					
8							9	
2			6			9		
	7	9				2	5	
		4			7			1
	3							7
					3	6	1	
		8	2	6	4			9

52.

9		1			3		2	
		2						3
8	3				4			
			6		9	4		
1	7		2		5		9	6
		6	1		7			
			4				8	9
7						2		
	2		8			3		4

53.

8		2	7		6	1		
7			5		8	2		
			9					8
4						9	2	
9		8				3		5
	5	3						4
2					3			
		6	4		9			2
		4	2		7	5		9

54.

	3		5					
	9	5		4			2	
	7	8			2	9	6	
			4			8		
	6		3	7	5		1	
		3			1			
	8	7	2			3	5	
	1			5		7	4	
					3		8	

门萨数独游戏500题

55.

8		6		9	3			
4				7		9		
9			6			8		
5	4		7				9	
3	8						7	1
	6				1		5	2
		8		4				9
		7		6				4
			3	8		2		5

56.

6			5					4
		4		1		3		5
3	8			7				2
		7		8	1			
	3						2	
			4	2		6		
1				3			5	7
5		3		4		8		
9					2			1

57.

		9	3		2		7	
				1			9	
		4			8	2	3	
1			4			8		3
			1	7	5			
2		5			3			1
	2	3	5			9		
	5			9				
	7		2			6	4	

58.

	3	2	6		8	9		
	9			4	5	8		
	5	8				3		1
1		6				7		5
7		3				6	2	
		1	8	5			7	
		5	7		2	1	9	

59.

4	7			1	2			
		9	4				1	2
		8				4		
5		1		3			8	
7		2				9		6
	8			6		3		1
		3				5		
8	2				4	1		
			3	5			2	9

60.

4								
	8	9			4		6	
			1	9		5	4	2
	1			5		2		
	2	5				1	8	
		8		6			5	
2	4	3		1	7			
	9		3			4	7	
								3

61.

9	2		8		5	6		4
				6		9		
	6		7					8
		9		5			1	
2			3		7			5
	8			2		7		
4					1		6	
		1		3				
6		3	2		4		8	1

62.

					7		8	
	7		8			4	6	
2		3		9		5		
8	2			3	1			5
4			7	8			1	2
		4		7		1		8
	5	2			8		4	
	9		5					

63.

4				1	5			
3	2	6	4					
				6	2			9
5	4					2		
7		8				5		3
		9					7	4
8			1	2				
					3	1	4	6
			9	7				2

64.

		2	7	6				1
6	7			5		2		
		1				7	6	
	3		4					
		7	3		2	4		
					5		2	
	8	6				1		
		5		9			4	2
4				3	6	8		

65.

7		2		8		6		
	8						4	9
3	5		2	6				
		7		3		5		4
			6		9			
2		8		7		1		
			4	2			6	5
5	6						1	
		4		1		3		8

66.

						6		4
			5		7	3	1	
			4	9		8	5	
4		6				5	8	1
				5				
1	5	7				4		2
	7	1		8	2			
	4	9	7		3			
3		2						

67.

	3					9	2	
	1			8			5	3
			3			7		1
3		9	5	4		2		
			7		3			
		6		2	1	5		7
5		4			2			
7	9			5			8	
	2	1					4	

68.

			7	9		1		
3	1							5
8	4		5				3	
4				7	3	2	9	
				9				
	9	3	2	5				4
	8				5		2	3
6							1	8
			7		4	5		

69.

		3		5			6	
		6	2	3				7
9		5			8		1	
3				2	6		7	
	9		4	8				3
	7		5			8		6
6				7	9	2		
	8			4		7		

70.

	3							
		8		6	1	3		
6			3			8		1
8		9		1		4		
2	7			3			1	8
		3		9		2		7
1		6			7			3
		4	5	2		1		
							8	

71.

6	9	3					7	
		8		2	9		3	
	5					6	4	
4				7	5			
			1	9	4			
			8	6				3
	8	9					2	
	1		2	8		9		
	6					3	8	1

72.

2				8	4	3		
4	8				2		9	
	1	9						
6			7		1		2	
5								9
	4		3		9			7
						9	5	
	2		6				8	3
		5	4	1				6

73.

1		4		5	6	7		8
		7		8		1		
		6					9	
				4	9			
	5		7		1		4	
			8	3				
	6					2		
		3		7		4		
7		5	4	6		8		1

74.

8								
			8				4	1
5				4		8		7
		6		7	5		8	
3	1		6		4		7	9
	8		2	3		6		
6		4		9				2
9	7				1			
								5

75.

	6			2	3	5		
		1			7			3
		3				1		
		7			5		2	1
	1	9				8	7	
8	2		7			9		
		5				4		
3			2			7		
		2	5	8			9	

76.

	4			5				6
8		6	7				4	
7			9				2	1
	2		5		3	6		
				8				
		8	2		9		1	
6	3				8			2
	7				6	5		3
2				7			6	

77.

7		9	5		8			
		4		9		8	2	
5			4				3	
			2				5	8
		1	7		5	3		
3	8				1			
	7				3			4
	5	6		7		9		
			8		4	5		2

78.

4			1				7	
	5			7				
9	7					2	4	8
			6		1			2
5		4				1		7
2			8		7			
8	9	7					6	4
				6			3	
	3				9			1

79.

	4							
2		6			8			
	7	9	2		3			6
	6	3		5				
	8	1	6		4	9	3	
				8		1	6	
5			9		7	3	2	
			8			6		4
							9	

80.

		9	1		3			
	5				4			6
	3	6				8		
6			4			1		
1	2		7		6		4	3
		3			8			9
		2				6	5	
5			3				8	
			6		1	4		

81.

			7		1			
					6	4	1	7
			2		8			
3			8	1	5	6	9	
9								1
	2	6	3	4	9			5
		2		5				
7	3	8	1					
			6		8			

82.

7	2	5		8	4			
				2				
	4	3				7		
9		6			2		3	8
5				9				7
4	7		5			6		2
		4				2	5	
				4				
			8	5		4	1	9

83.

	7	5		2		8		
1			4		3			9
			1	7				
	6				8	1		
4		2				3		5
		3	2				9	
				9	1			
5			6		2			8
		8		4		9	6	

84.

	4	9			3		8	2
								4
			5		2	6		
6		2	3			7	4	8
9								5
5	7	3			8	2		6
		7	8		6			
3								
8	9		7			4	5	

85.

	7		2	8		9		
		2	6					
5	3		9		4			8
		8				7		4
7	5						1	9
9		1				3		
3			8		2		9	5
					9	4		
		9		5	1		3	

86.

			6		1	8		
	1					2	3	
5		6		2				4
	9		5	7				
7			9		4			2
				6	3		5	
8				3		5		1
	3	2					7	
		5	7		8			

87.

5							4	
			4	7		2		
			2	8		6		
3	1				4	6		2
4	5						8	1
8		2	7				3	9
	7		4	5				
	8		2	6				
	9							5

88.

	4	1			9			5
				3	2			
		8	6			9	4	
1	9					4	5	
			3		1			
	2	7					9	1
	1	4			7	5		
		3	5					
6			1			7	3	

89.

	9	8				6		
			7				3	8
6			2					
8	3					9	4	
9	1		4		8		7	3
	4	6					8	5
					2			1
7	6				5			
		9				8	5	

90.

		4	8		9		5	
2			3	4				9
	9			5	2			4
							9	8
			6		4			
1	8							
8			5	1			4	
3				2	8			1
	1		7			6	5	

91.

5					8			
2		9				8	5	6
7		4			6			
	7		4					1
		3	1		2	7		
6					7		3	
			8			9		4
8	9	7					2	3
			7					8

92.

				6	2	7		
						4		
7			8		1		6	9
	9	3	7					6
8		7		5		3		4
5					9	8	7	
3	6		4		5			8
		5						
		9	2	1				

93.

					4		7	
5		1	3					
	4	7	1					
6			3	7			2	4
7	8						9	5
4	1			9	2			8
					5	4	8	
				8		9		6
	6		4					

94.

	6			7		9		
			2			5	3	
9		1	5		4			6
					5	8		
4	9						5	7
		5	7					
6			9		7	3		2
	7	9			2			
		8		3			1	

95.

5						2		
		6		1		7		
			9	6	3		5	
	2		6		4	5		
8	3						4	6
		4	8		1		3	
	5		1	4	7			
		1		8		6		
		2						8

96.

				2	5		8	
7	1					3		
2					1	5	7	
4		9	1					
	5		8		7		3	
					4	9		5
	9	2	3					6
		6					2	7
	4		6	1				

97.

	1	7	8		9			
4								2
	8	9		4				
		4	2				6	1
8		3				9		5
9	2				3	7		
			8			6	5	
6								9
		1		6	2	4		

98.

	9						1	5
	6		5	1	3			
			3	4	8			
	2	5	1				4	8
			7					
1	4		2			6	3	
		6	3	9				
		9	1	6			5	
2	3						8	

99.

5						9	4	
			8		4	5		1
4	1				6		2	8
			6	8				
1	7						8	3
			7	4				
9	5		4				3	6
6		4	1		2			
	2	7						4

100.

		7	8			5		
3	5						1	2
	4		9	1		6	7	
					4			
	7		6		9		3	
			3					
	6	3		5	7		4	
7	9						5	1
		4			3	7		

101.

9			3				5	1
	6	4	1			9		
5			2					
	3	8					6	9
		6		7		8		
4	9					3	7	
					8			7
		9			1	5	4	
1	4				2			3

102.

	3					5		
2			5		7		6	
	6				3			
4			3		5		2	9
5		9				7		3
3	7		1		4			8
			2				7	
	4		8		1			6
		3					9	

103.

					2	8		3
				6			5	9
					3	6	4	7
8		1	3			5		2
			2		7			
3		5			1	7		4
9	8	3	6					
4	5			3				
2		6	4					

104.

7						8		
	6				7	9		
2		1		6			4	5
		7						1
	5	2	6		1	4	3	
3						6		
1	2			9		3		6
		5	8			2		
		8						4

105.

			6		7			2
7		6	8	4		5	1	
8	2		5					
9							8	
	7	5				6	3	
	6							5
					9		4	8
	8	9		1	5	2		7
2			3		8			

106.

9				1	7	5	3	
1			3	6	5	4		
							1	
		8	5			6		
	1			8			9	
		5			1	7		
	7							
		2	1	7	6			8
	6	1	4	9				3

107.

		5	4					
			3				4	1
	4	3	7			6	5	2
5					3		9	
			5		6			
	7		2					3
7	5	8			1	3	6	
2	6				7			
					5	2		

108.

		6	5		2			
	5		3				8	
		7				5		1
	4	8			5	6		
5	9						1	3
		3	1			8	9	
8		4				7		
	3				1		2	
			8		7	1		

109.

				7		6		
3			4					8
4	8	7		9	2			
	7	4				2	5	
	9			8			3	
	5	3				8	9	
			1	5		4	2	3
1					7			9
		5		3				

110.

7			5				1	
5				7		4		8
1	9			3				
	1			5		2	6	
6								7
	5	2		9			3	
				8			7	4
3		4		6				2
	7				2			3

111.

1	9			5		3		
	3	5			7			
	2		3					1
	6		8	7				
	1	4		9		6	8	
				2	1		5	
8					2		7	
			4			1	9	
		6		1			3	8

112.

		6	7					
	3		9	5	8			
5	9		3					1
	8						6	
6	1	9				5	8	3
	4						7	
1					9		3	8
			8	4	7		1	
					5	4		

113.

	4				5		2	
	3	8			4			
5		6	9	3		8	7	
1	7	9						
						9	1	8
	8	3		4	9	7		1
			7			4	8	
	1		2			3		

114.

			2		8		3	7
	6			3			1	
			9	6				8
1				7		8		2
8		6		9				3
5				1	2			
	3			8			4	
9	7		6		5			

115.

	2	7		4		5		
	3			5		1		
	5	9	6					3
		5						
	4			3			7	
					7			
6					9	2	5	
		1		8			9	
		2		7		8	3	

116.

		5			8		1	7
		9	3					
			7				3	
9	5		2			6		
1	3						7	8
		2			7		5	9
	1				9			
					3	5		
2	7		4			3		

117.

					3	8		
	4		5		7		3	1
					8			7
	7					6		2
			1	5	9			
3		8					5	
2			9					
4	5		6		2		7	
		1	3					

118.

3				9		6		7
					1		9	
	7					2	8	
		2	3	4				
	8	4				7	1	
			1	6	9			
	2	3					6	
	4		1					
9		5		3				8

119.

							3	8
	2		5					
6	4		2		3			
2		4	7				5	
7			1		9			2
	9				5	4		7
			3		8		1	6
					2		4	
1	7							

120.

	1				2		7	
5		6				3		
							8	
8		4	3	5			6	
1				7				4
	9			1	8	2		5
	7							
		3				6		7
	6		7				1	

121.

	2		4					6
	3		9			1		
1			6			8	2	
					1			8
	6	3		2		7	1	
2			7					
	1	8			6			9
		2			7		8	
6					3		4	

122.

					8		1	
	6	5		9		2		
			2	4			3	9
		7				8	2	
2								6
	9	4				7		
7	4			2	6			
		8		3		5	6	
	5		1					

123.

7				6	1			
	6	1			9		2	4
							1	
		4	7			3		2
	2						8	
8		3			4	6		
	5							
3	1		9			2	6	
			1	5				8

124.

5			1		3			
		3	5			6		
1	4					3		
	7	5	8					
	9		6		2		4	
					5	7	1	
		4					7	6
		9			1	5		
			9		4			8

125.

		1	6	4			5	
	3			2			6	
		6				9		
2	1						4	
	8		2	9	7		3	
	5						8	2
		3				5		
	7			5			1	
	4			7	8	3		

126.

	1					8		9
							4	6
8			2	3		1		
2		7		5				1
		1		7		4		
9				4		2		3
	3			2	1			5
5	8							
1		2					6	

127.

	4							1
9					2		7	4
7		3	8		1			
					3	4		2
	6						3	
8		7	2					
			3		7	6		8
6	5		9					3
3							1	

128.

	4							
	9			1	4			5
	7			9	3	8		
		9		3		4		
5		3				2		6
		8		2		9		
		6	7	8			4	
1			3	6			2	
							8	

129.

9		5				8		
	1		9		7	3		
					8			
4			7		2		1	8
1				6				5
2	5		8		3			4
			6					
		8	3		5		9	
		4				5		6

130.

1		8		7		4		
	3		5					2
6	7				3	1		
				6	4			1
9			8	1				
		1	3				6	4
2					7		1	
		5		9		7		8

131.

		5			8			2
			3	1		6		
		3	6			4		
	9	2					3	
	4			9			7	
	7					2	9	
		7			5	8		
	2		1	8				
4			9			6		

132.

8	2							3
				9	3	4		
	1			8	2		7	6
			8			6	3	
				6				
	9	6			1			
5	8		2	7			4	
		9	5	1				
6							2	5

133.

			9		2	7		
	3			6		9		2
				7				
6	4			8			2	
8		9				6		5
	2			4			7	9
				1				
3		6		2			1	
		7	8		5			

134.

	8	9			2	7		
	7			9	3			1
3							5	
	9			8				4
	1						8	
8				3			6	
	4							7
2			3	7			4	
		7	8				5	9

135.

	6		1			9	8	
			6	4		5		
					3	4	2	
		8	7					9
			3	5	8			
3					9	6		
	7	5	9					
		2		6	7			
	1	9			4		7	

68

136.

8			5			3	1	
3			7	6	9	2		5
		7		1				
7							3	
				7				
	1							4
				8		6		
4		6	9	2	3			8
	7	8			6			3

137.

		5						3
7	8		9				1	6
		1		3	8			
			7	5		6		
	4			8			5	
		7		3	1			
		2	9			7		
5	6			7		2		4
9						1		

138.

		4		2	7			
9			5					
	2		3			8		
5		3		9	1	2		
		1		6		4		
		2	8	4		9		3
		8			9		4	
					8			1
			6	7		5		

139.

6			7	2			8	
2				9				3
	4		8				7	9
	6	1						
8								7
						1	3	
9	8				2		5	
3				8				1
	2			3	7			6

140.

		6		2				
		4	6	5				2
2						6		5
		2	5				3	
	5		2	4	3		9	
	1				9	5		
1		9						7
4				9	6	1		
				8		3		

141.

4		3						1
	8			6	2			
					5	3	8	9
		1	6		3	8		
				7				
		6	9		8	4		
8	9	5	2					
			4	5			3	
7						2		5

142.

9					3			
		3	2	5	1	9	8	
		1						4
							1	2
			6	3	5			
7	6							
2						7		
	7	4	3	9	2	5		
			5					9

143.

	3	6					2	4
				4				5
	2	1	8		3			
	9				4			
8				6				9
			5				7	
			6		8	7	4	
1				9				
3	8					9	1	

144.

			7		8	6		4
	9	5				1		
			5			3		
4	8	9						
1			6		5			8
						4	1	7
		1			3			
		4				2	3	
3		6	9		2			

145.

					9	7	2	5
					8		1	
		5	3					6
1					3		5	
	6		7		4		3	
	3		1					7
7				4		8		
	2		3					
6	8	1	2					

146.

	4			1	5			
				4		6		
1					2	9	8	
	3					1		5
	1	6				3	9	
9		2					6	
	5	8	4					2
		7		6				
			2	5			3	

147.

	5	1	4					
		2	1				9	
4	8				6	1		
		7		6				
6	3			4			2	8
				7		4		
		5	6				4	3
	9				4	8		
					3	9	5	

148.

7			4	5		1		
	4	6			7			
5				1		6		
3				4	9			
	8						2	
			1	2				7
		1		9				3
			2			5	6	
		9		7	5			2

149.

1			9				3	
6	2					7	4	
				8		6		9
			7		3	5		
			1	2	9			
		3	6		8			
2		8		1				
	9	6					8	4
	5				4			2

150.

	1		8	9		7		
		9					3	5
6			4		2			
					5	2		1
				8				
9		2	6					
			3		9			8
5	7					9		
		1		2	8		4	

151.

			7		8			1
7			9	2				
5	9	8					2	
	1		5					9
			2		1			
8					9		6	
	4					5	8	2
				4	7			3
1			3		2			

152.

1		7	8		2			
		2				1		
	5		1	3				9
			2			7		
2			3	6	9			8
		3			8			
3				2	5		7	
		5				9		
			9		4	5		3

153.

		1						9
		7	4					
	2		6	9		1		
8		3	1	5				
	9	2				4	8	
				4	9	2		5
		9		2	7		6	
					8	5		
3						9		

154.

		8					1	
		2		3		6		
				8		9	4	
9		1			2			
	4	5	9		8	3	6	
			3			2		1
	8	3		7				
		9		5		1		
	7					5		

155.

5	7					1		3
8				3	5			
	4							
		2			7		8	4
4		9		5		3		1
7	3		8			9		
							1	
			4	8				9
9		8					6	7

156.

1		3		5	6			
7				9				4
5			7			3		
		1		2	5			
3								5
			1	7		8		
		6			2			7
9				4				8
			8	1		5		2

157.

						3	7	
9	7		8		2	5		
5	2			3				
			6			9		
	8		5	7	4		3	
		2			9			
				9			5	6
		5	3		8		4	9
	9	1						

158.

5					8			
8			5				6	4
	1						5	
				1			3	6
	6		7	9	3		2	
2	4			8				
	9						4	
7	8				1			5
			2					3

159.

7			5		6	4		
						3		
3		4						6
	2		6	5			8	1
			7					
1	7		3	4			9	
9						1		2
		2						
		6	1		4			8

160.

		7			2		6	
		6	7	8		4		5
	3							
			6			9	4	8
				3				
9	7	4			5			
							3	
5		8		4	7	2		
	4		1			7		

161.

	8	2			7			5
					6	2		3
6			9	2			4	
	2		5					7
				9				
9					1		8	
	7			4	3			9
8		4	6					
3			7			5	2	

162.

			2	6				3
		6		3		8	1	5
	4				5			
1				7	5			
4								1
		5	9					7
			8				7	
2	1	3		7		9		
5				2	9			

163.

			7			4		
9					6		8	
	5	6						1
5			8		4			7
7	9						1	4
6			1		2			5
3						7	9	
	2		5					3
		7			1			

164.

	2		8	3			6	
	9	8			6	3		
			6			8	4	3
	6	3		2		7	1	
7		2	4		3			
		7	1			5	3	
	5			4	2		7	

165.

		5			3			2
		3			9	4		
					5	3		9
	2		4				7	3
	1					5		
3	8			6		2		
7		4	8					
		8	2			6		
6			3			5		

166.

				2	6	8		7
3		2					4	6
							1	
	5					1		
	9		3	1	4		5	
		4					8	
	1							
4	7					6		3
8		6	2	5				

167.

8				6				
	7			9		2		1
3			5			9	4	
	6						8	2
		5				4		
2	3						9	
	5	7			8			9
9		8		3			7	
				1				4

168.

2		6						9
	3					6	5	
				6			8	7
	7	1	8	5		3		
		9		7	6	5	4	
8	1			9				
	2	4					9	
9						7		6

169.

	8		6			9		1
	2			8	9			
6					4	5		
		4	9			2		
		4			5			
		6			8	4		
		3	5					2
			8	3			7	
8		5			1		6	

170.

	6	7			1		4	
8					5			
5							7	8
9	4			2	7		5	
	5		8	4			9	3
3	9							4
			9					2
	8		7			9	3	

171.

1		7	4				6	9
				1		5	2	
		9						4
	4		8			9		7
				6				
8		1			5		4	
9						2		
	8	5		3				
2	3				9	7		8

172.

7						1		8
				6	1			
5						6	9	
	5		7	3				
	4	9	6		8	3	7	
				4	2		6	
	6	4						1
			2	9				
8		3						6

173.

4	7		3					
		2	5	6			7	
					1		8	
	6	3		1		5		
	4			2			6	
		9		3		4	1	
	3		8					
	1			7	6	8		
					3		9	7

174.

6					8	1		5
3	4		6					
	7			9				
2			3					
4	3		7	6	1		2	8
					2			9
				3		7		
					4		8	1
9		1	8					3

175.

						5		
	6	1	4		7	8		
			9			6	7	
		3	8				9	
7				2				4
	9				4	3		
	2	6			1			
		7	5		8	4	1	
		8						

176.

		1			3	7		
5	2		9	6				4
		3					2	
		9	3					
	1		6		4		5	
					2	9		
	7					2		
1				5	6		8	7
		2	8			6		

177.

4	9	2						
6				3			9	5
	8		6					
					5			8
	5	6	8	4	9	2	7	
9			3					
					3		2	
7	2			8				9
						6	4	7

178.

	4				3	6	9	5
	1			2			8	
				8		7		
		3	5			4		
6								9
		7			4	8		
		1		9				
	7			5			1	
2	6	9	8				7	

179.

9	2		5	8				
	5				7			
7	4		2	1				
		9	3				2	
		5		2		3		
	7				1	5		
				9	4		3	1
			7				9	
				5	3		6	4

180.

4		5	1					3
	6				7	8	1	
	3				5			6
						1		
9		4		3		5		7
		2						
8			5				7	
	2	1	9				8	
6					2	3		1

181.

8	9		2					
2				1	4	8		
1		5				4		
					7			
7		1	6		3	5		2
			8					
		2				1		4
		3	4	9				8
					2		7	6

182.

		5	8					
6	9	7	2		3			
3			5	6			9	
			8			6		9
8		2			4			
	5			4	1			7
			6		8	3	2	4
			3		9			

183.

	5			3	4			1
	4							
1		3		9	4			
		2	3		5			
	3			4			8	
			8		7	5		
		9	2			3		5
							6	
8			9	7			1	

184.

	5			7	3		4	
7	1		9					6
4						8		
	2			6		7		5
				3				
1		7		9			3	
		1						2
9					2		7	8
	6		8	4			9	

185.

		1				9		
7	4				3			
5		9	1	7		3		
	1				6	2		
	7			8			1	
		6	2				4	
		2		3	9	4		1
			5				8	9
		5				7		

186.

		8			4	2		6
					7			
		7	6					
	2	4		9				5
	5	9		7		3	4	
1				8		9	2	
					2	8		
			1					
2		6	9			4		

187.

	8	3				7		
7		2				4		
	4				7		2	3
5				6				
6			9	4	8			5
				7				6
4	6		2				1	
		7				8		9
		8				6	5	

94

188.

1			2	4				5
6	2	7						
		9		1	6			
					5	4	8	
		6				2		
	5	8	6					
			3	2		6		
						5	9	1
7				6	9			8

189.

3				6			1	
		1	2					3
	7	2		8	3		6	
			7				3	
	1			3			8	
	4				9			
	8		5	9		3	7	
4					1	8		
	3			7				9

190.

	6			9			5	
	3				8	2	7	
			1					
5		8	4		3			
9	7						4	2
			7		9	1		5
					4			
	8	6	3				9	
	2			5			1	

191.

3				6	2			
4		6		7	3		1	
5		7						
					5			2
		9		1		6		
7			9					
						2		4
	7		1	2		9		5
			6	4				7

192.

7						1		
			7		1			
1	8			4	3			
2					7	4		
	3	1		5		8	7	
		8	6					9
			9	7			6	4
			4		5			
		2						1

门萨数独游戏500题

193.

	4					3	2	9
	6			3		8		4
	2		1					
3				4				
6			8		7			2
				2				6
				5		8		
5		4		6			7	
8	1	9					4	

194.

								4
3	8		9					2
7	5		3			6		
			5	3			8	1
				9				
9	7		8	1				
		3			4		9	6
6					5		4	8
1								

195.

2					4			
				8		9		
9		6	2	7	1			
	6	4						1
	9		7		6		3	
3						5	4	
		1	4	5		8		9
	2		8					
			1					5

196.

	3			1		9		
1					4			2
9	7		2	8			6	
5		3				6		
				4				
		9				2		4
	5			2	6		9	8
2			4					1
		8		7			2	

197.

		2	4					
						6	1	
	1	6		3	2		4	
2			3	9		7		
		8				9		
		7		8	6			3
	2		1	7		3	8	
	9	5						
					8	4		

198.

	7		1					2
		4	7	8		6		
5	8		3		9			
3							6	
7				5				8
	6							5
			5		4		1	6
		5		2	7	4		
4					1		3	

199.

	8					5	6	
		7	8	6			2	3
2							7	
1			9				5	
			2		1			
	2				5			4
	4							6
6	3			7	4	2		
	1	8					4	

200.

			6					
	4				1			7
					7	2	6	5
7			2		4		5	
	5	2				6	4	
	6		1		8			9
2	8	5	3					
3			9				1	
				2				

201.

4	9							1
			9			3	6	
	3	6			8			
					7	5	4	
	1	8		9		6	2	
	4	5	8					
			2			8	3	
	8	7			5			
6							5	4

202.

7			2	6			9	
2			9					
1				5		2		8
8	2			1		5		
				4				
		7		9			8	3
4		6		3				2
					5			1
	8			2	7			4

203.

3		1			6			
	7		3			6		
		5			2	7		1
4			9	7		2		
		3		5	4			8
6		8	2			3		
		4			7		8	
			1			5		2

204.

							6	4
		8		9	3	2		
5	2			4				
3		4					7	
		9	2	7	4	5		
	5					1		6
				2			5	3
		3	6	1		8		
2	7							

205.

		4				7		
9	7				3			
			1			2	6	
	4		8	5				7
1	8			4			3	5
7				1	2		8	
	5	6			1			
			4				5	2
		9				8		

206.

					2		5	
	3	8	4		1			7
		1		7			9	
1		3						
	9		7	4	3		1	
						7		9
	4			8		6		
5			2		9	3	4	
	8		5					

207.

		4	6	8		1		
9						3		5
3				2				
8		1		4				
5		3		9		8		1
				1		7		3
		5						8
2		9						4
		5		3	7	9		

208.

			4		7	1		6
					6	3		2
9				2		5	7	
5		9						1
				4				
2						7		8
	9	2		6				7
7		5	3					
3		6	9		2			

209.

	4			2				
3	6	7			5	4		
		9						
	5		7		1	6		
1	8						4	2
		6	4		2		8	
						1		
		4	8			2	9	3
				7			5	

210.

				8		7	4	5
7		5	4			9		1
	1				5		3	
2		1						
				9				
						1		6
	4		2				8	
1		6			9	4		7
9	2	8		5				

门萨数独游戏500题

211.

							7	5
3			6			2	8	
			8	3	1			
	1			2		4		3
8								2
6		7		4			9	
			1	8	4			
	8	1			5			6
2	7							

212.

						5		3
7						2	6	1
3	4	5	1					
				8			9	4
9				3				7
4	1			5				
					3	7	8	2
8	3	2						6
6		7						

213.

9		6	5				1	
	5				1	6	3	
2								
	9			2				1
4	3						9	2
8				4			5	
								7
	7	4	8				2	
	2				3	1		5

214.

		4	2			9		
1		9						6
	3	8		5	9			4
2			8				7	
	8				2			3
5			6	8		4	3	
4						1		7
		3			1	2		

215.

2		5	6					
	9	6	2			4		
	8				9			2
3	7							
	6	1				5	8	
							1	6
8			1				9	
		7			2	6	4	
				4		1		7

216.

						7	6	2
2			6				1	
			1		2	5		
7	9		3	2				
		4		5		2		
				8	6		3	7
		1	7		8			
	5				9			6
3	6	2						

217.

			3	4	1			8
	3	5		7	8			
						7	9	
	7	3	2					
		6				5		
					4	3	6	
	6	1						
			8	5		6	1	
4			1	6	7			

218.

1		2				6	7	
	3	4		9				
6								8
	1		4		7	8		
		9		3		4		
		6	9		5		3	
7								3
				5		7	4	
	4	3				2		6

219.

			8	2	4	6		
			7	3				4
						9		
	3	2	9					7
7	9			6			5	3
5					8	4	2	
		5						
2				8	7			
		7	2	9	5			

220.

3	8					9		2
		7	6			8		
1		2		7			4	
			1		3	6		
				4				
		1	8		6			
	4			1		7		3
		5			4	1		
7		9					2	8

221.

	5							
2		6	3					4
8		7		1		9	5	
	2				4			5
				9				
6			1				4	
	9	1		8		5		6
4					3	2		1
							8	

222.

		3				5		2
	2			4				7
	9		1	5				
		7					4	9
5			4	2	9			1
4	8					3		
			1	3		5		
8			6			7		
3		1				9		

223.

2					7		1	3
8			3				2	
6			4				9	8
		1		6				
3								6
				2		1		
1	2				8			4
	9				5			1
4	3		7					9

224.

				2	3			
3	7						1	9
		4			7			
	9				5		8	7
7		5		1		9		2
6	2		3				5	
			4			3		
2	5						6	4
			6	5				

225.

5		4		7				
					4		6	
	3			5			4	9
3	8				6			7
		1		2		8		
4			7				5	1
7	1			9			3	
	5		3					
				6		1		5

226.

1		7						
						4		
3	6	9	7			5	8	
7		6	5					
	3		1		4		9	
					3	2		5
	7	4			8	3	2	6
		3						
						9		7

227.

3		1				6		
					9	8		2
		7		1		9		
5			2	6				7
			4		3			
4				9	7			6
	6			2		5		
2		8	5					
		5					1	4

228.

9	3						2	
4		1	9					
	7		3		1	9		
		6		4	2		5	
			9					
	2		7	8		4		
		8	2		7		9	
					4	3		2
	6						1	4

229.

8	6	4			1	3		
		7						
	9			2	7	6		4
			1		9			5
				6				
1			7		4			
9		3	8	1			5	
						9		
		6	5			7	1	3

230.

6	1	2			5			
	7							
		9	7			1	4	
5		3			9			8
			5	7	6			
1			4			6		9
	3	1			2	8		
							2	
			1			7	3	5

231.

8		6						1
1	7				9			
	9	3						5
2				4	6			
	1		2	3	8		5	
			9	1				2
3						1	7	
			4				6	8
7						2		9

232.

		1	5	8				7
			9				3	4
				4				5
	7	4						3
4				1				9
5					6	7		
9				5				
1	5				2			
2				6	9	3		

233.

	9			1				7
				5			8	6
	6		8	2	9			4
						4	6	
			7		5			
	2	1						
3		7	1	6			5	
8	1			2				
6				7			4	

234.

1	7		9	4				
								3
9	6		2		7			
					9			7
5	9			1			8	2
2			3					
			7		2		4	6
8								
			3	4			9	1

235.

	1	5	6			9	7	
		4	9			5	6	
	6				1			
1			3		2			
				7				
			4		6			9
			7				8	
	3	8				4	6	
	5	7				8	1	3

236.

	2				1			
			7	2				
1		5		4		8		6
	5			9			3	
		9	4		8	7		
	8			5			4	
6		2		8		3		5
				3	6			
			1				6	

237.

		2	6		5			
			8					3
1	4						5	
		8			6		9	4
9			7		4			6
7	6		5			2		
	3						6	2
5					7			
			3		2	4		

238.

		6					7	1
				9	7		5	
	2	3	4	1				
	4	5			1			
				8				
			2			7	6	
				7	2	1	8	
	8		1	4				
5	9					2		

239.

	4	7			3			
3		5	7					4
	2			6				
	9	6		3			5	7
4	1			8		6	2	
				7			1	
2					1	8		5
		3				4	6	

240.

		9						
		6		5			4	7
		8	4					5
	3		7			6		
2	6		1		8		9	4
	9			2			3	
5					3	1		
1	2		7		9			
					4			

241.

			4		8			
		7	3	9	6	4	8	
3								7
4			8			2		9
			5					
9		3			2			6
1								5
8	3	4	5	1		7		
			2		7			

242.

	1						9	3
6					9		8	
4			7	8				
				5	8	2		
	5		1	2	6		4	
		6	9	4				
			9	3				1
	3		8					6
8	7						3	

243.

		1		2		3		4
			5		7			6
			1	3		5		9
								5
2	8						1	3
3								
7		6		9	2			
8			4		5			
1		3		8		4		

244.

	5	6	4	3				
3	2		9					
	9				8	5		
			6			3		
	4	1		8		2	7	
		9			2			
		2	7				3	
					4		8	6
				1	5	4	9	

245.

	2		9					1
				7			6	3
			6			4	5	
		6	9					
	4	8	2		6	1	3	
				1		7		
	7	3			5			
2	5			3				
1					7		8	

246.

	9			6			1	
	5					9		
8					7	6	3	
		5	3	4		2		
			7		5			
		2		8	9	7		
	2	4	1					9
		3					6	
	7			3			8	

247.

				3				
	8		4		7		5	3
2					8		7	
7		3				9		
1			5		6			2
		2				5		8
	9		7					6
4	1		8		2		9	
				4				

248.

7		5	6		3			
	1			8	5		7	
3						8	9	
			3					7
			2	7	1			
5					4			
	3	2						9
	4		1	2			6	
			8		7	1		4

249.

9		5	3		2			
				1		7		
	7						1	5
	2	6		9				
1			2	4	3			9
				6		2	3	
4	9						5	
		8		3				
			4		8	6		1

250.

5				4			8	7
	2	7			5			
2	1		4		8	3		
9	5			7			6	1
		3	1		9		5	4
			3			4	1	
7	8			2				3

251.

	4					2		8
	8		1	2				
				5	3			
	1	5			4	7		
		6		7		4		
		9	3			8	1	
		3	6					
			7	8		5		
1		7					9	

252.

		1			7	9		
7	8					2	1	
		4			8			
3	6			7				
	7	2		3		8	6	
				5			2	3
			7			6		
	4	7					3	9
		8	4			5		

253.

6		9	5	2				
		7			4	2		8
			6					
1		5					3	
4	6						1	2
	8					5		7
					2			
2		4	9			3		
				5	3	6		9

254.

			3	8				
	8	2	1					
		9			6		8	2
4	2				9			6
	1			7			3	
8			5				1	4
2	5		9			6		
						1	3	7
			6	5				

255.

4				1				
	7		6	2			3	
						1	9	
	5	7						8
		6	4	9	7	5		
9						3	6	
	8	2						
	4			5	1		7	
				6				1

256.

	7					9		
	5		9	6				
1	2			4	5			3
					6			9
9			3		7			1
2			1					
5			4	1			9	8
				8	9		5	
		6					4	

257.

3								
2		5	9			4	7	
	9			5	7			
					3	5	1	
	3	1		9		8	4	
	2	6	1					
			3	7			5	
	1	8			2	6		9
								4

258.

					2	4		
	2		6					
8				5	4	7	1	
	7	6			3	5		
		2		8		6		
		1	9			2	7	
	1	5	4	2				8
					8		5	
		8	7					

259.

						4	9	
			2	4		3		5
8		1				2		
	7		1		5	8		2
				3				
1		5	8		2		7	
		8				6		3
7		6		2	9			
	1	2						

260.

4	7							
2		6			3	9		
9					4		5	
1			8				3	
	3		7		1		9	
	5				6			1
	2		5					8
		7	3			1		9
							6	7

261.

	7			3		1	8	4
2					1			
	8							9
1		4	9					
3				5				1
					3	9		6
8							5	
			3					7
7	1	3		8			9	

262.

		3			5	8		2
			3				5	
1	5	4						3
		6			8			4
			1		4			
4			7			6		
5						7	8	6
	4				7			
6		9	5			4		

263.

1	4	5			7			
			2					4
			8	3		1		5
							2	7
		2	4		5	8		
8	1							
6		7		2	9			
4					8			
			7			2	9	3

264.

3	4		7		2		1	
5		7		1				
		9				7		
9					1			8
	8						6	
7			3					9
		4				2		
				5		9		3
	9		2		8		7	5

265.

1		7					5	6
		6			5			
		9	1	3				
			3		9		8	
	7	5		8		4	9	
	3		6		7			
				6	8	2		
			4			9		
2	8					1		5

266.

	1	3		8		7		
6						8	3	
			2	3	4		1	
	4		3					
			7	4	2			
					6		7	
	8		4	9	5			
	5	4						6
		2		6		3	4	

267.

1		8					6	2
		4			6		7	
			7		5			
	8	7	6					9
				7				
2					8	1	4	
			9		2			
	6		5			3		
7	9					8		4

268.

	1			9			4	7
		6		3				
	5			4		1	2	
		1	9	5				
			2		1			
				6	8	3		
	9	3		8			6	
				1		5		
5	7			2			8	

269.

7	6				9		1	
		4		1	2		9	
		2				3		
			6			1		
9		7				4		8
		6			4			
		9				8		
	2		4	6		9		
	8		1				5	6

270.

		4			2	3		
		7			9			6
8	1						5	
6			1			5	3	
5								7
	4	9			5			8
	2						6	9
3			9			8		
		8	2			7		

271.

							9	
3	7	4						1
	2	9	8		7			
		8		6	9			
	1	7		3		5	6	
			7	8		4		
			4		8	3	1	
1						8	5	6
	8							

272.

	2			4	3			
		8	7				3	
	3			8				
2			9			4	7	
		6	4	2	5	1		
	1	4			7			6
				6			8	
	4				9	2		
			3	7			5	

273.

	4		6		5	2	9	
						7		
8						5	6	
	8	4			3			1
3				9				2
1			7			4	3	
	6	8						9
		3						
	1	7	5		8		4	

274.

		2				7		4
3	8							
			6	5				9
8	9				4	5	7	
		5				8		
	4	6	8				9	2
7				1	6			
							2	7
5		4				9		

275.

							8	
5	1		3	4			6	
		2	8	5				
			6			2	3	9
4				3				8
8	3	9			2			
				6	5	9		
	5			1	8		2	4
	4							

276.

			3				7	
		3		9	5			
			6	1			2	9
	2				7			1
4	5						9	3
1			4				8	
8	7			2	4			
			1	3		8		
	3				9			

277.

1				6		3		2
			2			1		6
		7	9				8	
			8			4	5	
9				4				3
	4	8			7			
	5				9	7		
6		3		2				
7		9		1				5

278.

1					7	4		
				1				8
2	8		4	6				
	4	1					5	
	6		2		9		7	
	5					8	6	
			3	6			4	1
6			4					
		4	7					9

279.

	6					2		3
			6		3		1	
		5	4			7		6
		2	3					7
			5	9	4			
5					8	3		
9		1			2	6		
	8		7		5			
4		7					8	

280.

7		4						6
		3			9		5	
			5			1	2	3
	1		2			4		
		8				5		
		6			7		1	
9	3	1			5			
	4		6			2		
8						3		5

281.

	2	5		4				
				8			3	5
	1	4	6	5	9			
	4	6						7
1						8	2	
			8	3	1	6	9	
2	9			7				
				9		7	4	

282.

	5					3		2
					5	4	6	8
			2					
5	2		9	3				6
		6				8		
9				4	7		2	5
					9			
3	8	9	5					
1		7					8	

谜 题

283.

		4					5	
					5	2		7
		2			6			3
	1		9		2			4
8	4						2	1
2			7		1		3	
3			5			8		
6		7	2					
	2					1		

284.

1	6						3	9
7		9	8			6		1
3				2		4		
	8		4	7	1		6	
		5		3				2
5		8			6	3		4
4	1						2	5

285.

	3			4		1		
4								
			1	8	5	3		9
	1		2			8	9	
			7	1	9			
	2	4				8	6	
8		7	5	2	1			
								2
		2		3			6	

286.

	3			1	9		5	
				6				1
			4	2			3	9
		4						2
	8	9				3	1	
7						9		
6	4			5	1			
5				4				
	1		2	3			9	

287.

2				6	5		7	
							9	5
7			8			3		1
		2		1				8
		6				1		
8				4		7		
6		4			3			9
5	3							
	2		5	9				3

288.

		8	2		1			
3			5			8		6
		5		6	3		9	
2	9					5		
		6					4	2
	5		1	2		3		
4		1			5			7
			3		4	6		

289.

	9							7
			1			8		
3		2	7	8	4			
4		8	5			2		
			3		2			
		3			6	7		9
			2	5	7	3		4
		5			3			
9							1	

290.

	8				7	2		
9	7			2	6	8		
	5		2			4		6
	2	7		5		1	8	
4		1			9		5	
		4	9	3			2	1
		8	4				6	

谜
题

291.

					9			8
9			2	1		3		
5			3	4		2	9	
		1		3				4
4				6		5		
	2	8		5	1			9
		6		8	3			1
1			6					

292.

						3		2
4				7		5		1
1			3		5			
		1		4	8	9		
	2			3			8	
		4	9	6		1		
			2		1			4
2		7		5				8
8		5						

293.

	4						8	1
8	1	5		7			6	
6						4		
		3	7				2	
			6		5			
	9				1	7		
		1						8
	7			1		3	9	4
4	6						5	

294.

		5	7	6	8			4
7	4							6
	6		1				3	
		7	5					1
				9				
6					1	2		
	5				2		6	
2							7	9
1			9	5	6	3		

295.

4				9	3			
2		8	1					
	1	5				6		9
		9			5			
1			6	8	7			5
			9			1		
7		2				4	9	
					4	7		6
			7	3				8

296.

4			2			9	8	
3				8			6	
2		8		5				4
9					2			
		5		9		1		
			8					3
8				2		7		9
	1			4				5
	2	3			1			8

门萨数独游戏500题

297.

		9					5	2
8	7				3	9		
	6		5					
	5		6			2		
1				8				6
		2			7		3	
					4		7	
		8	9				2	3
4	3					6		

298.

3				8	1			
9		5	2			1	8	
					7			2
2				6			5	
8								9
	9			4				8
7			5					
	2	9			8	4		1
			3	9				7

门萨数独游戏500题

299.

						5		
2					4	8	1	6
9	5	4	8					
	3	8	1					2
				2				
5						6	3	4
					8	6	2	1
6	2	9	3					7
		7						

300.

	9				2			
8		7	3				4	5
			1	7				
7	6					5		3
		1		9		4		
4		2					7	6
				1	5			
5	1				3	2		7
		8				5		

301.

8	6		5	4				
2					8	4		6
3			9				2	
9			7					
		2		1		3		
					3			9
	1				6			8
5		9	2					1
				3	5		9	4

302.

		6		1	3		2	5
8			7					
	9	1						
	6	3			2			7
		9				6		
4			6			9	1	
						1	5	
					8			6
5	1		3	7		2		

303.

		4			6	5		9
				2		7		
	5	2		8			1	
	8		1		4			
7				3				4
			9		5		7	
	2			9		4	5	
		7		4				
6		1	7			9		

304.

				3	5		1	
			9	7	6	4		
	5						2	
	1	7				6		
	3			8			5	
		4				7	3	
	8						4	
		1	6	9	8			
	7		1	4				

305.

	1		5			7	3	
		4			2			
7	2			1	8	5		
	9	6						
		2				8		
						9	4	
		8	2	7			1	5
		4				2		
	7	5			6		8	

306.

				2				3
		6		3	8	2		
			5		7		6	8
2								7
1	6						5	9
3								4
9	5		1		3			
		1	2	4		7		
7				5				

307.

		4				7		
				2	3	6		9
	6				8			
	8		7					2
9		7				1		4
3				5			9	
			1				7	
7		1	5	8				
		9				4		

308.

9			4				7	1
2			3			6		
4				5	2			
					9	3		
1								8
		6	8					
			5	8				4
		9			4			3
6	3				7			2

309.

8	4		3					2
		5	1			9		7
						8		
	3	8		4			5	
	1			8		4	7	
		4						
7		3			9	1		
6					7		3	5

310.

		7	1	9				6
8			5	2				
		2	8				9	
2								
	3	4				5	8	
								1
	9				4	1		
				1	5			7
4				7	8	3		

311.

6	5	7						3
	2		3	4				
		8						1
				7			6	8
		9				5		
2	7			8				
3						1		
			5	4			3	
5						6	4	9

312.

			3	7				
		6		9	5	1	8	
	9						4	3
					1			
4		1				5		9
		4						
7	1						2	
	6	5	7	1		9		
			8	3				

313.

9			5					
	5				7		9	2
	4			3	6			
8				1			7	
1								5
	2			5				9
			1	7			8	
5	7		2				6	
					8			3

314.

	2	6			8			
5	9			7				6
		8			3			1
			2			5	4	
	8	5			6			
7			8			3		
8				1			2	4
			5				1	9

315.

				5	6			
9			8					
7	1					9		6
5			6					4
		7		2		1		
6					1			9
8		3					9	2
					9			3
			4	7				

316.

		5				4		
	2		3	4				6
		3	7		6			1
				5				
5			1		7			2
				2				
6			4		2	3		
9				7	8		5	
		7				1		

317.

1					2		6	
2						5		
					5	4		
9			8			7		4
	4		7		3		2	
6		8			4			9
		3	1					
		6						3
	5		2					7

318.

							9	
		2	3				8	4
			4	7				2
5			1					8
1				6				9
4					2			5
8				1	3			
7	1				8	3		
	4							

319.

6						8		
	7	8			2			5
4				6	9	1		
					8	5	3	
	4	9	2					
		2	7	3				1
7			9			6	5	
		3						4

160

320.

			9	3			6	
		5			8	1		
			4		7			8
	9					5	4	
	3						1	
	5	8					7	
8			6		3			
		1	8			7		
	7			4	2			

321.

	3					1	4	
5		2						
7			5	8	9			
	2				4			7
				2				
3			1				8	
		8	4	3				2
						5		4
	5	1					7	

322.

8								3
						6	8	
7	4				2		5	
	1		9	7				
6				8				9
				3	5		2	
	6		5				1	7
	3	5						
9								2

323.

	1					5	8	4
	6	2	4				7	
		4		5		3		2
				1				
2		8		3		6		
	8				3	9	6	
4	9	6					2	

324.

	2	9			1		8	
	5		8	6				
		6		9	7			
						7	1	2
3	8	5						
			3	1		6		
				8	6		7	
	6		7			8	4	

325.

	9			1				
		5		7		4		
1	3	7						
			7			2		3
2				8				7
8		9			5			
						8	6	9
		1		4		3		
				9			5	

326.

					4			
9					8	5	3	
1				2			6	
4	9		8		5	6		
		3	2		1		7	5
	5			3				2
	8	7	6					9
			1					

327.

		1	3					
							1	4
		6	4		8		3	
					3		4	9
8		2				3		7
6	9		7					
	7		6		4	5		
9	1							
					2	4		

328.

1	9				3			
		8	6				4	
			9				5	3
					7	6	8	
7								5
	8	6	3					
4	3				1			
	5				4	7		
			5				2	9

329.

				9			4	
						6	3	
4				5	1			
6	9	4					1	
		8	2			5		
	7					8	9	3
			5	7				2
	2	9						
	1		4					

330.

9	1		6	2		5		
				9				
5	4		8					9
		9					6	
			2		7			
	7					1		
4					6		5	3
			3					
		1	7	9			2	4

331.

	7					3		
	6	5		8				
9	2		7	1				
	3	6	2			4		
		2			8	6	5	
				5	1		6	3
				9		5	8	
		8					1	

332.

2	7	1						
	3						6	
9						7	2	3
8				3				
	1		5		7		8	
			8					9
6	4	9						7
	5						4	
						8	3	5

333.

			3	4		8		
						6	1	
4				5				
	7		2			1	3	
			5	7	4			
	9	8			3		2	
				9				2
	4	5						
		1		6	7			

334.

		7		2			8	6
4								
	2			9	7			4
	5							9
		4		6		3		
3							7	
8			2	5			3	
								7
9	1			8		5		

335.

		7					2	6
			5				1	
8	4		3					
	3			9		8		
1				4				5
		2		1			6	
					6		5	7
	1				8			
3	6					1		

336.

6				4	5		1	
8			9					5
		7					4	
				9	6			
1				8				2
			7	3				
	2					7		
9					1			8
	8		2	6				9

337.

		3						1
		9				5	2	
7					9	6		
			4		5			
	2	4		6		9	8	
			2		3			
		2	1					5
	1	6				2		
8						7		

338.

5			1	6	8			
	3	9						8
		7	3			6		
					6			
	2	3				8	4	
			7					
		6			5	1		
2						4	3	
			2	8	9			5

339.

	4			3				2
	8		6					3
						6	5	7
			2	4	9			5
9		3	5	1				
8	3	1						
6				9			8	
7				5			4	

340.

	2		3	7		5		1
					5			
						7		4
			2					3
	4	7		3		6	1	
5					9			
2		6						
			1					
7		9		8	6		2	

341.

		4	5	1		2		
	9					8		
6	8				4			7
		9		2			5	
	1			5		9		
9			4				7	2
		1					8	
		3		9	6	1		

342.

				6	1	3		
	6	9	7				4	
5								9
						2	9	
9		3				5		7
	2	4						
2								3
	4				7	1	2	
		7	6	2				

343.

	7	8	3			2		
	5		8	7				3
1								
			9			4		
	3			6			5	
		7			3			
								9
9				4	5		2	
		4			2	6	8	

344.

7		4			6	3		
				1			5	2
	8					1		
					2	4		
8				5				7
		9	4					
		3					8	
9	2			4				
		5	9			6		1

345.

			4			8	3	
					9			1
7	9							4
		5	8			1	9	
			6					
	4	6	2			3		
8							1	2
9			6					
	2	1		5				

346.

					7			
1		2	3	9	8			
	7		8			5	4	
		5						
	8		1		6		3	
						4		
	1	6		4			5	
		3	9	5		1		2
			7					

347.

	3		1					
			4			2	7	
4			3	7			5	
9			7			4		
1								9
		2			3			1
	5			2	7			8
	2	6			5			
					4		2	

348.

		7	8				5	
	9	2			7			
3				5				
7		1	6			5		
		5				3		
		8			3	2		1
				9				6
			2			8	4	
	4			3		7		

349.

2				7				
7							5	3
		6			5			1
	6				4		9	
9		1				2		8
	7		2				1	
8			1			6		
	3	4						7
				6				3

350.

	1				2			
9			4	8				
6	2					4		1
	9	1	8					
4								8
					9	5	7	
2		3					8	7
				1	3			2
			7				9	

351.

3		5		1				
			6			1		3
		1			5			8
				5	8		9	7
5	7		4	2				
8			5			6		
2		4			7			
				9		3		5

352.

	5							
	4		1	6		7		
2			9			4		
	8		3					
6			2	9	5			8
					1		3	
		5			8			6
		8		7	2		9	
							5	

353.

	5						1	
		4			1			6
	1			2	6	5		7
		5					2	
			2		9			
	3					8		
3		2	6	1			7	
9			7			4		
	4						3	

354.

		9				3		
3		6	1	2			5	
			8			7		
			7			6		
5				8				2
		8			4			
		7			9			
	1			3	5	4		7
		3				1		

355.

		5	1		8	6	9	
8					7			
2								
	8		9		5			
	3	6				1	5	
			3		6		8	
								6
			5					4
	7	1	6		2	8		

356.

	6							
	4	9	5					2
2			6				7	3
8	5		7					
3								6
					2		9	8
1	3				5			9
6					7	3	8	
							1	

357.

				3	9			5
		6	8					7
						1	4	3
						7		9
	1		6		3		5	
2		4						
6	2	1						
7					6	8		
9			2	1				

358.

	7		2			9	4	
1		6	8					
							6	5
	1	4						
	6			3			5	
						7	2	
8	9							
					9	5		2
	4	2			8		3	

359.

		2	8					
		5					6	2
3		4	6					5
	8		3	7				
			4		2			
				5	6		3	
2					4	9		6
7	4					2		
					9	8		

360.

9								
		5	9					4
	4	6	5	1	2			
			6				7	
	7	1				3	5	
	8				9			
			1	8	3	7	2	
2					4	5		
								1

361.

5		3	2					
8			9		7			
					1	4		
4		8	3			2		
		7				3		
		9			8	5		6
		5	6					
		8			3			2
				1		7		9

362.

	4	2			8			7
5								1
		9			2	5		3
			9					
6	3						1	8
					4			
4		6	5			2		
7								4
2			6			3	7	

363.

1					8		6	
	4				7	1		3
8		2				9		
					1			
3				9				7
			6					
		7				8		4
9		5	7				2	
	8		1					6

364.

	2			9	5			7
					3	1	2	
	5	8	3		1			
6	4						3	2
			8		2	6	5	
	6	9	4					
8			1	7			4	

365.

		5					9	2
	6					1		
	7			9	3			5
			6			5	2	
8								4
	3	4			1			
7			8	3			6	
		3					4	
2	9					3		

366.

9	5							
1		6		3				
8			7	4	5			
6	4	3						2
7						9	1	3
		7	1	2				9
				8		7		4
							2	5

367.

5				6	7	1		
	2		5					
			4			5		9
	8					4	5	
	7						1	
	1	5					9	
1		3			2			
					9		7	
		9	3	8				2

368.

9	5			3				
7	2				1		5	9
8		1	9					
		6		4		5		
					3	9		1
1	7		6				2	4
				2			8	7

369.

	7	9		1			6	8
			8					7
		3		9				1
			9					
2	1						3	9
					3			
8				2		4		
4					1			
7	2			6		8	5	

370.

4		5	2	9			1	
		2		7	1			5
							8	
								6
		6	9		2	4		
5								
	7							
2			4	1		9		
	9			2	6	3		7

371.

								6
	7	9	2			5		
	4		3	7			1	
6				9				
			6	3	1			
				8				7
	8			4	7		3	
		2			5	9	4	
1								

372.

7	8							3
			1				9	
	4	1	8		7	2		
				5	6		3	
	9		2	4				
		2	9		8	7	6	
	5				3			
6							4	9

373.

	9	5				6		
6			8			9		1
							4	2
			6					3
	1		3		4		5	
9					5			
7	6							
2		3			8			5
		1				2	6	

374.

	8	7						
	3				5	2	7	
	9			7				
			7				1	6
		1	3		2	4		
3	6				8			
				4			8	
	7	6	1				4	
						5	6	

375.

		7	4			2	6	
6	3			2				
		4		8				
						4		2
4			9		1			3
5		8						
			9			6		
			3				5	8
	9	2				6	3	

376.

		4						
7	1			8		3		2
8		2	3	9				
						6		8
			6		1			
5		6						
				3	4	5		7
9		5		7			8	1
						9		

谜题

377.

	7			8	6			
	1					8		
				9		4	3	
7						5		
2	4		7		5		8	1
		3						6
	3	6		4				
		7					4	
			8	3			9	

378.

		4						
	6		5					
			6		3	8	1	7
2						3	7	
	5		4		8		6	
	1	8						4
5	9	7	1		6			
					4		8	
						1		

379.

7	2	8		1				
						4		
	1				5		7	
					8		1	3
			2	5	3			
5	7		9					
	9		3				2	
		1						
				6		8	3	4

380.

								3
	7	5			8			9
	2			6	7		8	5
7			4					
	9						2	
					1			8
8	1		2	5			9	
2			6			7	5	
4								

381.

				2		5		
			1					6
	3				5	9	7	1
3	7	8		6				
				1		8	4	7
2	4	7	9				8	
6					2			
		5		4				

382.

	4				5			6
6	5		4	9				1
			3					
8								2
	6		8		1		5	
5								4
					2			
1				6	4		8	7
7			5				3	

383.

	9	3			1	7		2
			4					
8				3				6
9	1						6	
			6		5			
	6						1	3
4			7					8
				2				
6		9	1			2	5	

384.

9	1	6	3					
				5		1	9	
	7					4		2
			8					7
2								6
6					5			
1		2					4	
	4	8		9				
					2	3	7	1

385.

	1	3			6		7	
		8		7				4
	9					1	5	
		9		2			4	
	4			3		6		
	7	1					6	
6				8		2		
	8		4			9	1	

386.

7				6			9	
							4	5
6			8		1	7		
			4	8		1		
	3						2	
		5		3	6			
		9	3		2			5
	8	2						
	6			5				7

387.

	3	4			5			
1	5		3					
		8	9				2	
				5		2		
	4			2			7	
		9		1				
	7				8	3		
					2		8	4
			6			7	1	

388.

						2		
	2	4			5		9	
	7	5			8			
7	5		9	3				8
3				4	1		6	2
			6			1	8	
	9		7			3	4	
		8						

389.

						1	3	
		6	2					7
9		4						
4		7	6					5
2				9				3
1					3	8		6
						5		8
8				3		9		
	9	2						

390.

			8		9			3
	9			7		2		
					3	4		
7				2	1	6		
5								8
		4	6	8				2
		5	7					
		2		9			1	
9			3		5			

391.

					2		5	
			8	6	7		3	
	9						6	8
		2				3		6
	1					4		
9		2			1			
6	5						4	
	3		4	2	9			
	7		1					

392.

			8				4	
3	2				4		6	
	1			9				
7				3	8			
5	6						3	4
			5	2				7
				1			2	
	5		3				7	6
	3				2			

393.

8	6		7				5	
1								2
			2	6		9		
					8	4	6	
		9				3		
	7	3	6					
	2		8		4			
7								1
	3				5		2	4

394.

		2	3			5		8
		7					9	
6		3		8				
				9			6	3
	6						7	
9	7			3				
				7		6		4
	5					2		
1		6			5	7		

395.

						3	5	4
	2						8	
3		5						
		6	2	7		4		
8			3		4			9
		2		6	1	5		
						8		6
	1						7	
4	6	3						

396.

3			4					
	5		7			9	6	1
	2				8		5	
6								4
				6				
9								7
	6		9				8	
4	3	1			5		9	
				2				6

397.

	5					7		9
				8				
7	4						2	8
	3	2	7			6		
			5		1			
		1		6		2	4	
3	6						8	7
				1				
9		5					6	

398.

1	9	5			7			6
			5				9	
		8				1		
		2		3				
			1	6	8			
				2		9		
		4				2		
	6				1			
7			4			3	8	5

399.

1	6							7
		4		9		5		
			8		7			9
						7		2
	1			3			5	
2		5						
4			6		5			
		2		4		1		
3							2	8

400.

6			5			3		
				6				
9						1	7	
		3		9	6			7
2				1				4
7			4	8		6		
	7	1						5
				2				
		8			3			1

401.

	8	9			5		7	
4					3			5
6								
	1		3	2				9
	4						1	
2				4	7		3	
								2
9			5					6
	7		6			8	5	

402.

		8	2	9				
	9			5			7	4
3								8
8				1		4	5	
	5	4		7				1
1								3
2	3			4			8	
			8	5	6			

403.

8		7						
3				4		7	6	
4					7			5
2		6			5			
		5				1		
			8			6		9
7			1					8
	3	9		8				6
						9		2

404.

		8			6		2	
	5					3		4
	7	9					1	
	8			1	3			
			9		8			
			4	7			5	
	1					6	3	
9		5					7	
	4		6			5		

405.

	6				2			8
		3		6		4		9
				1		7		
			7	9		8		
6								5
		7		8	6			
		9		4				
4		1		5		9		
7			8				2	

406.

			3					2
5		1						9
	9			1	6			
		8			4			
2	3		8		9		7	1
			7			6		
			5	2			1	
8						4		6
1				3				

407.

				4	5	2		
1	5				6	8		
2				8		3	9	
9								
		3				9		
								2
	9	1		7				4
		2	3				6	9
		7	8	9				

408.

					1			
5	7			9		6		2
1		4			5	3		
		1			2			
	5						3	
			6			7		
		7	3			8		9
9		3		5			2	7
			8					

409.

1			9					8
	5							
2	9	4		7			6	
	3				8	9		
			5		7			
		9	2				7	
	6			1		4	9	5
							1	
9					2			3

410.

	6	5			7	1		4
								8
			6					9
		7		4				1
4				8				5
1				9		7		
9					5			
7								
6		2	4			5	3	

411.

		7			2	3	4	8
							9	
8			4		7			5
	5		1			9		
		8		5		7		
2			3		8			1
	8							
5	6	4	7			2		

412.

8	7		1					
2						8	5	
			8					4
		5					1	
1	8		6		2		9	7
	6					5		
3					7			
	2	4						8
				8			6	2

413.

		1				5		
8				6	5	3		7
					2			
	1				8		9	
	6			7			2	
	5		3				4	
			7					
2		5	9	4				8
		7				9		

414.

8								3
	7							2
	5	2	1			8	7	
3		4		7				
				2				
				1		6		4
	1	7			6	9	2	
9							8	
2								1

415.

		6	5	9		8	1	
							3	7
				8	3		4	
	5							
			2	6	9			
							6	
	1		7	2				
8	3							
	6	2		4	1	9		

416.

	6	4		8				5
		2					4	
	1					7		
			4				2	3
		8	1		7	9		
1	4				6			
		1					7	
	2					8		
6				7		3	5	

417.

7		1				2	8	
			7		8			
				5		7		
5			2				3	
		6	4		1	9		
	4				9			7
		8		6				
			9		3			
	3	9				4		1

418.

	1	6	3					8
		7		4	2		6	
		8					2	
			5				7	
				6				
	9				1			
	7					5		
	8		9	2		3		
5				7		1	8	

419.

	4						8	7
			4					
8	9		7	5				1
2						8		
5	1						2	6
		6						9
7				6	3		9	2
					8			
4	6						5	

420.

	4						6	9
			9					4
	1	6	2			3		
	8						3	2
			5		6			
5	9					8		
		3		7	2	4		
7				5				
8	6						1	

421.

			1	2		7		4
	1	2					5	
				9				
	4				7	6	8	
1								3
	2	7	4				1	
			6					
	3					9	2	
5		6		4	8			

422.

2				4				
9					7	2		
1		5		8		7		
6	5				8			
		8				1		
			7				9	3
		7		3		5		1
		1	2					9
				6				7

423.

	5							
2					8		4	1
1		9			5	3		
	7		2	8				
	2						8	
				3	1		2	
		3	7			6		9
9	4		3					2
							7	

424.

	1	6			9			
		8	3		5	4		
		2						5
	5							8
8				1				7
7							2	
4					7			
		1	8		4	5		
			1			9	6	

425.

	4	7						
	8		3		1			6
9		1						
8		6				2		
3	5						7	9
		7				6		8
						1		3
1			4		6		9	
					2		5	

426.

8			1			4	6	
		5		2		9		
6			3				1	
5		7		9				
				4		2		5
	7				3			9
		4		7		6		
	5	9			8			1

427.

		4					8	
7		6						1
	8				6	7		4
3		5		2	4			
			6	9		3		7
5		9	3				1	
6						5		8
	7					9		

428.

	2							8
4		9		1				
		5		6		3		
3		7		4				5
9								7
5				2		6		1
	7		4			2		
			1			9		3
6							7	

429.

		5	6			2		
8			1	3			5	
		3						
	7	2					9	
		6		9		7		
	4					6	8	
						1		
	9			1	6			7
		8			2	5		

430.

		4			1	5		7
							4	1
		3	8					
5	8		3	6				
	2					3		
			4	8			6	9
					9	7		
9	5							
1		7	4			9		

431.

4							9	
	1				4		7	
5			2				1	
8	6		5					
		1		7		3		
					2		4	8
	7				1			9
	3		8				6	
	2							1

432.

					8			6
		7		2				
1							4	9
	3			8	1			5
7	9						6	8
2			3	6			7	
6	8							3
				5		9		
9			8					

433.

							4	2
				5				
	6		4	9		3	7	
	9							1
6		1	7		5	8		9
2							5	
	5	9		7	6		3	
				4				
1	8							

434.

			5	6		3		
							9	5
7	9		4			1		
	8		9				3	
		1				2		
	5				1		6	
		2			4		1	8
	1	7						
		3		7	6			

435.

1	7	3	4			2		
5	6							
			6			4		
				4				
	8		6	3	7		1	
				2				
		2		1				
							6	3
		5			6	9	7	2

436.

				3		5		6
				7	4			
3						8	2	
	9		3	2			6	
	4						1	
	3			9	8		7	
	5	2						3
			5	6				
6		9		8				

437.

2			8		6			
	1	6	5					
		7					5	6
1					7			
9		8				1		3
			2					9
8	9					2		
					1	3	7	
			4		5			1

438.

	9			3				
	5	8				9		2
					6			
5				6	9	1		
	2		4		8		7	
		6	1	2				3
			5					
7		4				8	9	
				9			3	

439.

	7		6			4	8	
1	3	8	4					
					7			5
9		5						
		6				7		
						8		2
2			8					
					5	2	6	3
	6	4			9		7	

440.

	4		3					
		9		6	2	8		1
		6						
	6		1	4			2	
		8				9		
	1			5	7		4	
						7		
2		4	6	1		5		
					3		9	

441.

	1			5	2	9		
4	3							
	6	2	1					
			4		6			8
7								6
5			2		3			
					9	6	7	
							2	9
		1	5	6			3	

442.

	2						9	
	1				7			
7			3	4		8		
2							6	8
		7		5		2		
1	3							4
		5		9	4			7
			8				2	
	7						3	

443.

9	8							
7							1	
	2		7	6				4
	6		1				8	
2	4						3	9
	7				6		5	
8				4	7		6	
	5							1
							7	3

444.

1	9				5			
		3	2	7			1	
	6	7						
8					2			1
				8				
5			6					7
						9	6	
	3			5	1	4		
			3				5	2

445.

				7	8	2		3
				6			1	
3							5	9
	5	7						
8	1						4	6
						9	2	
5	6							8
	7			3				
1		2	4	8				

446.

	5					7	1	
	8		6	2				9
4				3			8	
		1	8					
			1		5			
			4			6		
	2		6					8
3			1	2		6		
	9	4				7		

447.

9					5	6		8
6	4		7		3			
			9			7		
						2		7
		8				9		
1		4						
		5			4			
			6		7		1	3
7		1	5					9

448.

6				2		7		
	4				8	2		
8		1	6					
		3						5
		8	9		7	3		
1						4		
					3	5		2
		5	1				7	
		6		8				3

449.

7		5						
				8			9	
			3		5			2
		1			7		5	
6		2		9		4		3
	8		4			9		
4			9		1			
	7			2				
						3		1

450.

					2	1	6	
4			1				7	5
2								
5	1			3	8	4		
		8	9	7			1	3
								6
1	8				9			4
	9	6	3					

门萨数独游戏500题

451.

	1			5				
	4	9						
	3	1		8				4
3	5			6				
1			2					3
		3			4			7
2		7		3	9			
					2	8		
			9			1		

452.

	9	4		8		7		
				1		9	5	
	6							1
2			5		8			
		9				2		
			3		9			1
	3						4	
	1	6		5				
		5		7		8	9	

453.

2					1	9	8	
		5		2			4	
					6			
9	3					4		
			1	6	3			
		1					2	5
			3					
	4			1		8		
	6	8	9					1

454.

		9	1			6		7
2	6				3			8
				5				
				4		3		
1			7		2			9
		4		1				
				6				
7			9				3	4
9		3			1	5		

455.

			9				3	
6				8	2		5	
1	2	9			3		6	
8								
		7				8		
								3
	3		5			6	2	1
	1		7	2				9
	9				4			

456.

8	3						9	
	4					6		
		6		1	4		3	5
	5							2
			5		3			
4							6	
6	2		7	9		4		
		4					8	
	9						5	7

457.

4			9		7	6		
1		8			4		9	
	2		5					
	6		1					4
5					9		3	
					3		8	
	3		4			7		2
		9	8		2			1

458.

8	6	7			4			
	9		5				2	
3					6	8		
1					2			
		3			5			
		2						7
		9	2					5
	1			8		4		
			1			7	6	9

459.

	5	9						
						2	6	
			4	5				7
				8	1			4
5	1		6				2	3
4		2	1					
2				1	7			
	3	8						
						4	5	

460.

	5					3		
				1			9	
		9	8	5				7
5	1			6			4	2
4	7			9			6	5
7				4	6	8		
	3		2					
		1					2	

461.

	4			1				
1		7			2	9	4	
			7		8			
					6	7		8
	1						6	
3		8	4					
			9		1			
	2	4	8			3		5
				5			9	

462.

6			8		9	1		
7		2		5	1			
				3				
	7	1					3	2
4	3					9	1	
				7				
			6	9		2		5
		7	3		8			4

463.

		7	5					9
	2	6					7	
5	8					4		
4		5	8					
	1						6	
					3	7		8
		2					5	1
	7					6	9	
1				6		8		

464.

				1	8		9	
			2					7
	9						8	
		7		3			6	
		5	1	2	6	3		
	2			5		8		
	3						2	
1					5			
	8		9	6				

465.

	1		9			7	8	
	6							9
9		2	5					
					9			5
8			4		5			3
6			1					
					6	5		4
1							7	
	8	6			1		3	

466.

	9	2						
3			2				7	6
		8		6		1		
		7						9
			8	4	3			
1						8		
		4		8		9		
9	5				6			7
						4	1	

467.

			9					
9	7	2						
6				3	5	1		
		8			3			
7	9			8			1	5
			1			3		
		5	7	2				3
						4	7	1
				6				

468.

		2					8	
	3			8		4		
9					4	5	6	2
								4
			3	6	1			
	6							
2	4	3	7					1
		1		9			7	
	7					8		

469.

3		6						7
	8		7		6			
				5		2		
9		1	4					
5		4				1		8
					3	7		9
		7		9				
			3		1		8	
2						6		1

470.

					4	1		5
				1				2
		4		6	8	3		
4	8							9
	2						5	
7							6	8
		5	9	7			3	
6				3				
8		7	5					

471.

	3		4	2			7	6
1			9					8
						1		
					6	7		
			8	4	7			
		5	3					
		8						
6					4			2
4	7			1	5		6	

472.

9							8	
						5	7	
4	2	8		9			6	
			5			1		
5				1				4
		1			3			
	4			2		9	5	8
	6	7						
	5							7

473.

8			7	5				
	3	7				4		
					2	5	9	
							8	6
4		8				7		1
6	2							
	7	6	5					
		1				6	5	
				4	6			2

474.

	6						4	5
8			3					
		4	5	9			3	
	4				8			6
2								4
1			6				8	
	9			5	1	2		
				2				3
6	1						7	

475.

			8	3			1	
		9		2	5		7	
5								
7					8		5	6
	1						9	
9	5		7					8
								2
	4		3	1		8		
	3			7	6			

476.

			7	8				
6					1			
4					5	2		8
	7		9		2	5		
		5				1		
		9	1		3		2	
9		2	3					4
			4					5
				9	7			

477.

			7					
	3	1		5	8			
	2				9		1	5
		6	1	3			9	
	7			4	5	6		
1	8		5				4	
			4	7		5	2	
					2			

478.

		3	6					4
		1				5		6
4					2			
9				1		8		2
				5				
3		2		8				9
			4					7
7		4				1		
5					3	6		

479.

1		3			5			
	8		6	4		9		
	7					1		
6	3							
		2		5		4		
							8	2
		9					1	
		8		1	3		6	
			8			5		3

480.

		4				1		
8			4				3	
2					6	8	9	
9				7				
		8		6		5		
				3				7
	5	1	8					9
	4				3			6
		2				4		

481.

	2		7				6	4
7			3			8		
				8				2
6	3		2					5
8			1				9	3
1			4					
		7			1			8
4	9				5		3	

482.

							9	2
		8			9	1		4
	6		5			7		
	4			5				
			1	3	8			
				7			6	
	9				6		8	
2		4	7			3		
7	1							

483.

	6				8			
5					4	7		2
			7	5		8	9	
	2							
4	7						3	6
							4	
	9	8		3	7			
3		6	1					4
			9				1	

484.

								4
8			3					2
				5	2	9	7	
	1				6			7
	4	8				6	5	
3			8				4	
	8	7	5	1				
4					7			9
9								

485.

					4			
1	2				5			
			9			3	1	8
	5	7				9		
	6		2		1		7	
		3				5	4	
7	3	1			2			
			5				3	6
			8					

243

486.

6							9	
	8	5			9			4
			3		8		5	
		6		2	5	9		
		7	9	1		8		
	4		2		6			
8			4			3	7	
	7							6

487.

		5			8			
			3			9		1
	2	6				8		
		7	6	3				9
6								4
3				5	7	2		
		8				4	2	
4		9			1			
			7			1		

488.

						7	3	
1	6		2	4				
	2					9		6
						7	3	
6			8		4			5
	5	4						
7		9				6		
				9	5		8	2
		5	1					

489.

					8			1
			2	9		5		
	2	4	1				3	7
	9		7					
1								3
					5		2	
5	6				2	4	9	
		7		6	9			
9			8					

490.

	9						3	1
		2		7	6		8	
		6					5	
				6	9			2
	6						9	
4			5	3				
	1					3		
	4		1	5		7		
9	8						6	

门萨数独游戏500题

491.

	8							
4							7	3
			7	3			2	
	5	7			1			6
1				6				8
2			4			3	1	
	6			8	9			
3	4							1
							5	

492.

			5					
	7			3			5	8
	3		2			9		
3						2	8	
5				1				7
	4	8						3
		4			5		9	
8	1			6			4	
				3				

493.

					9	5	4	
			6	2			1	8
	9	7						
	1	2	8					
	4						9	
			3			2	6	
					8	3		
5	3		2	7				
	9	7	5					

494.

					4			1
			3	5		9	7	
9	6						5	
			8	1				
		3	9		6	2		
				7	3			
	1						3	8
	7	4		8	1			
2			7					

495.

		7	3					
							2	5
	6	9	7	2			8	
6	3					4		
				1				
		4					9	6
	2			6	1	9	3	
5	7							
					2	6		

496.

5	9							
7			8					
			4				7	6
	3			8	6	9		
	8		7		5		4	
		1	9	4			3	
9	2				7			
					8			2
							8	5

497.

	1	3		4		8		
4								
8		6			9			2
		5	1				9	
				7				
	7				4	2		
2			7			3		9
								4
		9		2		7	1	

498.

	6		7					2
						5	6	
9						4		
3				4	7	9		
	4	2				8	5	
		9	8	1				3
		8						6
	9	1						
5					6		3	

谜 题

499.

		6						
			9					4
		4	8		3	6	7	2
2	1			5				
		3				5		
				2			6	8
3	5	8	7		2	1		
1					4			
						3		

500.

			6					
4			2	3		9		
1					8		7	
				6		2		1
		8				6		
5		2		9				
	4		1					5
		9		8	3			4
					2			

501.

6		4					2	
		1		4	6			
	7				5	8		
			4	1				
5								7
				8	2			
		2	3				7	
			6	7		5		
	3					4		9

502.

	7	9						
		1	5				3	
						6		1
	3		4	5				8
8								2
5				1	6		9	
3		2						
	6				3	7		
						9	5	

503.

5	1							
							7	
4		9	3	8			5	
1	7							
		2	8			6	1	
							8	4
	3			5	1	9		8
	2							
							2	6

504.

	3							
6		8		5				
		1	7					9
	5	3	6					7
			1		8			
2					4	3	1	
5					7	4		
				9		5		8
							2	

505.

7				1			8	
	9			2		6		
								4
							2	5
3		5	2		8	9		1
4	6							
8								
		6		3			7	
	5			9				2

506.

	7		2	1		3		
6	5		9	7				
								1
			5					
9		7				4		3
					8			
1								
			6	4			9	5
		3	5	7		8		

507.

7	2				1			
		1				5		
4			3		5		9	
						7	6	
			2		9			
	8	6						
	9		6		8			2
		2				4		
			1				3	7

508.

			6	8	1			3
4							7	8
		1	4		3			2
		9				6		
6			5		7	4		
2	3							7
9			2	1	4			

509.

		5	7		8		4	
								7
2		3	5					
4		7		3				
9								3
			2			9		8
					5	1		9
6								
	5		6			9	8	

510.

			9					
	8		4	7		1		5
	2							8
	7				9	3		
			5		3			
		9	7				6	
8							2	
5		3		6	1		4	
				5				

511.

				2				3
	2	8			7			
	9	7			5			
	7			9			4	
	8						2	
	6			4			3	
			2			1	8	
	3				7	9		
5				1				

512.

	7	5			2	9		
	6			8	7		5	
					1			
		2					7	
3								1
	1					2		
			4					
	2		9	5			8	
		8	1			3	9	

513.

4			9		2		1	
		6						
		3		8			7	
			4	6	8		5	
	8		1	2	5			
	9			7		2		
						3		
	5		3		1			8

514.

5	2							8
		8			1		3	9
			2					
6	3			5				
			3		4			
			9				4	7
					3			
1	7		8			6		
8							5	1

门萨数独游戏500题

515.

						7		
					6	5	3	
5		9		8				
		8	3				2	
		1	9		5	4		
	4					7	6	
				7			9	4
	9	3	4					
		5						

516.

6		3				4		
				1	7			
						8		3
	2				1			8
		6	2		3	7		
4			6				2	
1		5						
			4	2				
		7				3		5

517.

5		4			9			2
	8			4		1		
		1						3
			2					6
	1						8	
7					5			
9						3		
		7		2			5	
2			3			6		4

518.

2								
			6	7			8	
7					8		4	
	8			9		2		
3			2		6			8
		7		1			5	
	1		9					6
	9			2	3			
								3

519.

	5		1					
	4						7	3
		7	2			8	6	
			7					
6			5		8			1
					9			
	7	8			6	3		
9	3						4	
					4		5	

520.

				2			4	
			9	1				
5						6		1
	1	3	4			7		
	4						1	
		7			2	3	9	
2		9						7
				6	4			
	7			5				

521.

			5				4	2
			7	3			5	
						6	9	
2							1	7
		3				8		
5	4							6
	8	1						
	6			5	8			
9	3				7			

522.

		3				7	2	
	2		8	1				
	6				4	8		
			9			2		
	3						4	
		7			6			
		4	2				3	
				7	5		9	
	8	9				4		

523.

		5						
			1				9	
		3	4	2	6			7
9	8						3	
		4				5		
	7						4	1
8			9	7	3	2		
	6				8			
						1		

524.

9	2							1
1			8					
5				4			6	
					2	4	9	
	6						7	
	7	3	5					
	5			8				4
					1			3
6							8	2

525.

4			3					2
3	9	8						
							5	1
					5		7	
		2	4		8	9		
	4		1					
7	5							
						1	8	6
9					1			7

526.

	9	5	6					
				7				
8	7		1				2	
	6	9	7					
1								9
					3	8	4	
	5				4		6	8
			3					
					1	9	5	

谜题

527.

	1		8		6			
	7				2	5		
	3							7
	2					1		6
4								8
5		6					3	
8							9	
		3	9				2	
			5		3		8	

528.

2				3		1		4
							8	5
	6	9						
4			8			2		
	5					6		
	3			2				7
						9	1	
1	2							
9		7		5				3

529.

					1	6		
	4		5		3			
			9			2	8	
			2				3	9
3								5
7	9			6				
	5	7		4				
			8	9		1		
		1	7					

530.

	6				8			
5						3		
	7	1						
6				2				3
7		8	5		1	2		9
4				7				8
						7	1	
		9						6
			2				5	

谜题

531.

	2						9	
							1	
	3			7	2			
4		6		3	5	8		
3								1
		1	6	4		3		9
			7	9			4	
	6							
	8						2	

266

532.

6								
	9				2		7	
			7	8	5			
2				9	7	1		
3								5
		9	4	2				8
			9	1	8			
	1		3				2	
								4

533.

			2	5				
						8		5
		3	1				2	9
			6			7		
6	5						9	2
	8		2					
2	6			4	9			
1		9						
			8	3				

534.

	4							
	3			1	2	4		
			4		6			7
8		9				6	3	
	2	7				1		5
6			8		7			
	1	3	2				5	
							9	

1.

2	5	9	8	1	7	3	6	4
7	1	8	4	6	3	9	2	5
3	6	4	2	9	5	7	8	1
5	4	7	1	2	8	6	3	9
6	2	3	5	7	9	1	4	8
9	8	1	3	4	6	5	7	2
8	3	2	6	5	1	4	9	7
1	7	6	9	8	4	2	5	3
4	9	5	7	3	2	8	1	6

2.

7	6	4	2	3	5	9	1	8
2	5	9	6	8	1	7	4	3
3	8	1	9	7	4	5	2	6
9	1	2	3	5	7	6	8	4
8	3	6	4	2	9	1	5	7
4	7	5	8	1	6	3	9	2
1	4	7	5	6	2	8	3	9
6	9	8	1	4	3	2	7	5
5	2	3	7	9	8	4	6	1

3.

8	9	5	7	4	2	3	6	1
4	2	6	3	8	1	7	9	5
7	1	3	5	6	9	4	8	2
5	7	8	4	9	6	2	1	3
1	4	9	2	5	3	6	7	8
6	3	2	8	1	7	5	4	9
2	6	7	1	3	8	9	5	4
9	5	1	6	2	4	8	3	7
3	8	4	9	7	5	1	2	6

4.

4	3	8	7	2	6	9	5	1
9	2	6	1	4	5	7	3	8
1	7	5	3	9	8	4	6	2
3	5	4	2	1	9	8	7	6
7	9	2	6	8	3	5	1	4
8	6	1	5	7	4	2	9	3
6	8	7	9	3	2	1	4	5
2	1	3	4	5	7	6	8	9
5	4	9	8	6	1	3	2	7

5.

6	9	7	5	4	2	3	1	8
1	5	8	6	3	9	4	2	7
4	2	3	8	7	1	5	9	6
9	4	2	1	8	3	7	6	5
8	7	6	9	2	5	1	4	3
5	3	1	4	6	7	9	8	2
7	6	4	3	1	8	2	5	9
2	1	9	7	5	6	8	3	4
3	8	5	2	9	4	6	7	1

6.

8	5	3	7	4	6	9	1	2
9	4	1	3	8	2	6	7	5
7	6	2	5	1	9	3	4	8
2	3	7	1	5	8	4	6	9
1	9	4	2	6	7	5	8	3
5	8	6	9	3	4	1	2	7
3	2	8	6	9	1	7	5	4
6	7	5	4	2	3	8	9	1
4	1	9	8	7	5	2	3	6

7.

5	8	7	6	2	1	4	9	3
3	1	6	9	4	8	5	2	7
4	9	2	5	3	7	8	1	6
1	4	8	3	7	6	9	5	2
9	7	3	1	5	2	6	4	8
6	2	5	8	9	4	3	7	1
8	5	1	7	6	9	2	3	4
7	3	4	2	8	5	1	6	9
2	6	9	4	1	3	7	8	5

8.

4	6	1	5	7	2	3	9	8
2	9	8	6	4	3	5	7	1
5	3	7	9	1	8	2	6	4
3	1	5	7	8	9	4	2	6
7	2	6	4	3	5	8	1	9
8	4	9	1	2	6	7	5	3
9	8	3	2	5	1	6	4	7
1	5	4	8	6	7	9	3	2
6	7	2	3	9	4	1	8	5

9.

6	4	5	9	7	1	3	2	8
1	2	9	3	8	5	4	7	6
3	7	8	6	2	4	9	1	5
4	5	7	2	6	8	1	3	9
9	1	6	7	5	3	2	8	4
8	3	2	1	4	9	6	5	7
5	6	4	8	3	2	7	9	1
7	9	3	5	1	6	8	4	2
2	8	1	4	9	7	5	6	3

10.

8	3	7	4	5	1	9	2	6
5	4	1	6	2	9	3	7	8
9	2	6	8	7	3	1	5	4
3	1	9	7	6	5	4	8	2
2	8	5	9	3	4	6	1	7
6	7	4	1	8	2	5	9	3
1	9	8	3	4	7	2	6	5
4	6	2	5	1	8	7	3	9
7	5	3	2	9	6	8	4	1

11.

3	2	7	5	4	8	9	6	1
9	4	6	1	3	2	8	7	5
8	5	1	9	7	6	2	3	4
4	9	8	6	5	7	3	1	2
6	1	2	4	8	3	7	5	9
7	3	5	2	1	9	4	8	6
1	7	9	3	2	5	6	4	8
2	8	4	7	6	1	5	9	3
5	6	3	8	9	4	1	2	7

12.

6	2	9	1	5	7	4	8	3
8	3	1	4	6	2	9	5	7
7	4	5	9	3	8	6	2	1
5	7	3	6	2	1	8	9	4
4	6	8	7	9	3	2	1	5
9	1	2	5	8	4	3	7	6
1	9	4	8	7	6	5	3	2
2	8	7	3	4	5	1	6	9
3	5	6	2	1	9	7	4	8

13.

2	8	7	9	5	1	4	3	6
6	3	4	7	8	2	5	9	1
1	9	5	3	4	6	8	7	2
5	7	8	1	2	4	3	6	9
9	4	1	8	6	3	7	2	5
3	2	6	5	7	9	1	4	8
8	6	2	4	3	5	9	1	7
7	1	3	2	9	8	6	5	4
4	5	9	6	1	7	2	8	3

14.

8	9	4	2	1	6	7	3	5
7	1	5	8	3	9	6	4	2
3	2	6	5	4	7	8	1	9
5	3	8	7	6	2	1	9	4
2	6	1	9	8	4	5	7	3
4	7	9	1	5	3	2	8	6
9	8	3	6	2	1	4	5	7
1	4	2	3	7	5	9	6	8
6	5	7	4	9	8	3	2	1

15.

1	9	6	3	7	2	8	5	4
4	7	5	9	8	1	6	3	2
8	3	2	5	6	4	7	9	1
9	5	7	1	3	8	2	4	6
3	4	1	2	9	6	5	8	7
2	6	8	7	4	5	9	1	3
6	1	4	8	5	7	3	2	9
7	8	9	4	2	3	1	6	5
5	2	3	6	1	9	4	7	8

16.

4	9	3	8	5	7	6	2	1
7	2	1	4	6	3	8	5	9
6	8	5	9	1	2	4	7	3
8	5	6	1	4	9	7	3	2
9	3	7	6	2	8	1	4	5
1	4	2	3	7	5	9	8	6
2	1	4	7	3	6	5	9	8
3	7	9	5	8	1	2	6	4
5	6	8	2	9	4	3	1	7

17.

5	1	8	2	9	6	7	3	4
3	9	7	8	4	1	2	6	5
6	4	2	5	7	3	1	9	8
1	5	6	4	2	7	3	8	9
4	7	9	3	6	8	5	1	2
8	2	3	9	1	5	6	4	7
7	8	4	1	3	2	9	5	6
2	3	5	6	8	9	4	7	1
9	6	1	7	5	4	8	2	3

18.

4	5	7	6	2	1	3	9	8
2	1	6	3	8	9	5	4	7
9	3	8	4	7	5	2	1	6
7	2	3	9	6	4	8	5	1
6	8	5	1	3	2	4	7	9
1	9	4	7	5	8	6	3	2
5	6	1	2	4	7	9	8	3
8	7	2	5	9	3	1	6	4
3	4	9	8	1	6	7	2	5

269

19.

9	5	3	8	2	4	7	1	6
1	8	2	6	7	3	4	9	5
7	4	6	5	1	9	8	3	2
2	1	9	3	6	8	5	7	4
6	3	5	7	4	1	9	2	8
8	7	4	2	9	5	3	6	1
5	6	1	4	3	7	2	8	9
3	9	8	1	5	2	6	4	7
4	2	7	9	8	6	1	5	3

20.

4	8	2	3	1	5	9	6	7
3	9	6	4	2	7	5	8	1
1	5	7	8	6	9	3	2	4
8	1	4	6	3	2	7	5	9
7	6	5	9	4	8	2	1	3
2	3	9	5	7	1	8	4	6
9	7	1	2	8	6	4	3	5
6	2	3	7	5	4	1	9	8
5	4	8	1	9	3	6	7	2

21.

8	6	4	7	1	2	5	3	9
5	9	7	3	4	8	2	1	6
1	3	2	6	9	5	7	4	8
2	8	9	4	7	3	6	5	1
6	4	3	5	2	1	8	9	7
7	5	1	8	6	9	3	2	4
3	2	6	9	8	4	1	7	5
9	1	8	2	5	7	4	6	3
4	7	5	1	3	6	9	8	2

22.

8	9	4	5	6	3	7	2	1
3	5	2	9	7	1	8	4	6
7	1	6	2	8	4	9	5	3
2	3	7	6	5	9	4	1	8
9	4	1	8	3	2	6	7	5
5	6	8	4	1	7	3	9	2
4	7	5	3	2	6	1	8	9
6	2	9	1	4	8	5	3	7
1	8	3	7	9	5	2	6	4

23.

5	2	7	6	4	8	9	3	1
8	1	6	9	3	5	4	7	2
9	3	4	1	7	2	5	8	6
3	5	1	4	2	7	6	9	8
6	4	2	8	5	9	3	1	7
7	9	8	3	1	6	2	4	5
4	8	3	5	6	1	7	2	9
1	7	5	2	9	3	8	6	4
2	6	9	7	8	4	1	5	3

24.

1	3	9	4	5	8	2	6	7
4	8	2	7	9	6	5	1	3
7	6	5	3	1	2	8	9	4
8	9	1	5	6	4	7	3	2
2	7	4	9	8	3	1	5	6
6	5	3	1	2	7	4	8	9
3	1	8	2	7	9	6	4	5
5	4	7	6	3	1	9	2	8
9	2	6	8	4	5	3	7	1

25.

4	8	2	5	3	7	1	6	9
6	5	7	9	1	2	8	4	3
9	3	1	8	6	4	7	2	5
7	4	3	6	2	1	9	5	8
5	2	8	3	7	9	6	1	4
1	6	9	4	5	8	3	7	2
3	9	5	1	4	6	2	8	7
8	7	6	2	9	5	4	3	1
2	1	4	7	8	3	5	9	6

26.

2	8	6	1	5	7	3	9	4
3	9	4	6	8	2	7	1	5
5	1	7	3	4	9	2	8	6
6	5	1	4	7	3	9	2	8
4	2	9	8	1	5	6	3	7
8	7	3	2	9	6	4	5	1
7	3	5	9	6	8	1	4	2
1	6	2	5	3	4	8	7	9
9	4	8	7	2	1	5	6	3

27.

9	3	6	2	8	5	7	4	1
4	2	8	7	1	6	9	3	5
7	1	5	3	4	9	6	8	2
3	4	9	5	7	8	1	2	6
2	8	7	1	6	3	4	5	9
6	5	1	9	2	4	8	7	3
1	7	3	4	9	2	5	6	8
5	6	4	8	3	1	2	9	7
8	9	2	6	5	7	3	1	4

28.

7	6	1	9	4	5	8	2	3
9	5	4	3	2	8	7	6	1
3	8	2	1	6	7	4	9	5
8	3	5	7	9	2	6	1	4
2	7	6	4	1	3	9	5	8
4	1	9	5	8	6	3	7	2
6	9	3	8	5	1	2	4	7
1	4	7	2	3	9	5	8	6
5	2	8	6	7	4	1	3	9

29.

5	6	9	2	1	7	4	8	3
8	1	2	3	5	4	9	7	6
3	7	4	9	6	8	5	1	2
6	8	5	4	7	2	1	3	9
9	2	7	1	3	6	8	4	5
4	3	1	5	8	9	6	2	7
1	5	8	6	2	3	7	9	4
2	4	6	7	9	1	3	5	8
7	9	3	8	4	5	2	6	1

30.

2	7	1	5	3	9	4	8	6
6	5	9	8	4	7	3	2	1
4	3	8	6	2	1	7	5	9
1	2	6	4	7	8	5	9	3
9	4	5	1	6	3	2	7	8
7	8	3	9	5	2	1	6	4
8	1	2	3	9	5	6	4	7
5	9	4	7	1	6	8	3	2
3	6	7	2	8	4	9	1	5

31.

7	3	1	2	4	6	9	8	5
2	6	5	9	7	8	1	4	3
4	8	9	1	3	5	2	7	6
1	4	8	5	2	3	6	9	7
5	7	3	4	6	9	8	2	1
9	2	6	8	1	7	3	5	4
8	5	7	3	9	1	4	6	2
6	1	2	7	8	4	5	3	9
3	9	4	6	5	2	7	1	8

32.

8	6	4	5	3	7	2	9	1
2	9	5	6	1	4	3	8	7
3	1	7	2	9	8	4	6	5
1	7	9	8	2	5	6	3	4
5	4	2	9	6	3	1	7	8
6	3	8	4	7	1	9	5	2
7	8	1	3	4	6	5	2	9
4	2	6	7	5	9	8	1	3
9	5	3	1	8	2	7	4	6

33.

4	5	7	9	2	6	8	3	1
6	3	9	8	1	7	5	4	2
8	2	1	5	4	3	9	7	6
9	6	8	7	3	2	4	1	5
5	1	3	6	9	4	2	8	7
7	4	2	1	8	5	6	9	3
2	8	5	3	7	9	1	6	4
1	7	4	2	6	8	3	5	9
3	9	6	4	5	1	7	2	8

34.

4	2	3	7	8	9	1	5	6
1	7	6	2	3	5	9	8	4
8	9	5	4	6	1	2	3	7
6	1	2	8	5	4	3	7	9
7	5	4	1	9	3	6	2	8
9	3	8	6	7	2	4	1	5
5	6	9	3	2	7	8	4	1
3	8	1	5	4	6	7	9	2
2	4	7	9	1	8	5	6	3

35.

3	5	9	8	2	6	7	4	1
7	8	2	4	3	1	9	5	6
4	6	1	5	9	7	8	2	3
6	4	8	3	1	5	2	7	9
5	1	7	2	8	9	6	3	4
2	9	3	6	7	4	1	8	5
8	3	5	9	6	2	4	1	7
9	7	4	1	5	8	3	6	2
1	2	6	7	4	3	5	9	8

36.

3	4	1	5	2	6	7	8	9
5	2	8	9	3	7	6	1	4
6	9	7	8	1	4	3	5	2
7	1	6	4	5	8	9	2	3
8	3	4	2	9	1	5	6	7
9	5	2	7	6	3	8	4	1
4	8	5	1	7	9	2	3	6
1	6	9	3	8	2	4	7	5
2	7	3	6	4	5	1	9	8

37.

9	4	8	7	2	1	6	3	5
6	1	5	9	8	3	4	2	7
2	7	3	4	6	5	9	1	8
5	8	9	3	7	2	1	4	6
7	2	4	1	9	6	8	5	3
1	3	6	8	5	4	7	9	2
3	5	7	6	1	9	2	8	4
8	9	2	5	4	7	3	6	1
4	6	1	2	3	8	5	7	9

38.

7	1	5	2	8	9	3	6	4
4	6	3	5	1	7	8	9	2
8	9	2	4	3	6	5	7	1
6	3	4	9	7	8	2	1	5
5	8	7	1	6	2	9	4	3
1	2	9	3	4	5	7	8	6
3	7	8	6	2	4	1	5	9
9	4	1	7	5	3	6	2	8
2	5	6	8	9	1	4	3	7

39.

5	8	7	3	1	6	9	2	4
3	9	2	7	5	4	6	8	1
1	6	4	2	9	8	7	3	5
2	1	5	4	8	9	3	6	7
9	3	6	5	2	7	1	4	8
4	7	8	6	3	1	5	9	2
7	2	9	8	6	5	4	1	3
8	4	1	9	7	3	2	5	6
6	5	3	1	4	2	8	7	9

40.

6	3	7	4	1	2	8	9	5
1	4	8	5	9	3	2	6	7
2	9	5	6	8	7	3	1	4
8	5	1	7	2	6	4	3	9
9	7	6	1	3	4	5	8	2
4	2	3	8	5	9	1	7	6
3	1	4	9	7	5	6	2	8
5	8	9	2	6	1	7	4	3
7	6	2	3	4	8	9	5	1

41.

7	2	3	4	1	8	9	6	5
4	9	8	5	3	6	7	1	2
6	5	1	9	2	7	3	4	8
5	8	4	7	9	1	6	2	3
2	3	7	8	6	4	1	5	9
1	6	9	3	5	2	4	8	7
3	1	5	2	4	9	8	7	6
8	4	2	6	7	3	5	9	1
9	7	6	1	8	5	2	3	4

42.

2	9	6	4	1	8	7	5	3
5	3	7	6	9	2	1	8	4
1	8	4	5	3	7	2	6	9
7	6	3	9	4	5	8	1	2
4	5	2	1	8	6	9	3	7
8	1	9	7	2	3	6	4	5
9	7	1	8	5	4	3	2	6
3	4	8	2	6	9	5	7	1
6	2	5	3	7	1	4	9	8

43.

1	9	4	5	6	7	2	8	3
5	3	6	2	8	4	7	9	1
2	7	8	9	3	1	5	6	4
7	6	1	4	2	9	3	5	8
3	8	2	7	5	6	1	4	9
9	4	5	3	1	8	6	7	2
4	1	3	6	9	5	8	2	7
6	2	7	8	4	3	9	1	5
8	5	9	1	7	2	4	3	6

44.

6	9	4	8	1	2	5	3	7
2	8	1	7	5	3	4	9	6
5	3	7	9	6	4	2	1	8
3	1	2	4	8	7	9	6	5
4	6	5	2	9	1	8	7	3
9	7	8	5	3	6	1	4	2
8	5	6	3	4	9	7	2	1
7	4	3	1	2	5	6	8	9
1	2	9	6	7	8	3	5	4

45.

2	8	1	3	6	5	7	4	9
9	5	6	1	4	7	3	2	8
7	3	4	8	9	2	6	1	5
1	4	7	5	2	8	9	6	3
5	2	9	7	3	6	4	8	1
3	6	8	4	1	9	2	5	7
6	1	5	2	7	3	8	9	4
4	7	2	9	8	1	5	3	6
8	9	3	6	5	4	1	7	2

46.

1	9	5	4	7	3	8	6	2
7	6	8	2	9	5	4	3	1
2	4	3	1	8	6	5	7	9
6	8	2	3	5	7	1	9	4
4	3	9	6	2	1	7	8	5
5	1	7	8	4	9	6	2	3
8	7	4	5	3	2	9	1	6
9	2	6	7	1	4	3	5	8
3	5	1	9	6	8	2	4	7

47.

5	4	1	9	6	7	2	8	3
9	7	6	2	3	8	1	4	5
3	2	8	4	1	5	6	9	7
8	3	7	1	5	4	9	6	2
1	6	9	7	2	3	4	5	8
4	5	2	8	9	6	7	3	1
2	9	4	5	8	1	3	7	6
6	1	5	3	7	9	8	2	4
7	8	3	6	4	2	5	1	9

48.

6	3	4	5	7	9	8	1	2
7	2	8	6	3	1	4	5	9
5	1	9	4	2	8	6	7	3
2	6	3	1	9	4	7	8	5
9	4	5	8	6	7	3	2	1
8	7	1	2	5	3	9	6	4
4	5	2	3	8	6	1	9	7
1	8	7	9	4	5	2	3	6
3	9	6	7	1	2	5	4	8

49.

9	6	2	8	7	1	3	5	4
3	5	8	2	9	4	7	1	6
4	7	1	6	5	3	9	8	2
5	2	3	7	6	8	4	9	1
8	1	6	4	3	9	5	2	7
7	9	4	5	1	2	6	3	8
6	3	7	1	8	5	2	4	9
2	8	9	3	4	7	1	6	5
1	4	5	9	2	6	8	7	3

50.

4	3	9	1	6	5	2	8	7
6	7	1	9	8	2	4	3	5
5	8	2	3	7	4	1	6	9
1	2	5	7	9	6	8	4	3
8	6	4	2	5	3	9	7	1
7	9	3	8	4	1	5	2	6
2	5	8	6	3	9	7	1	4
9	1	6	4	2	7	3	5	8
3	4	7	5	1	8	6	9	2

51.

9	6	3	8	7	2	1	4	5
1	4	5	3	9	6	7	8	2
8	2	7	5	4	1	3	9	6
2	8	1	6	3	5	9	7	4
6	7	9	4	1	8	2	5	3
3	5	4	9	2	7	8	6	1
5	3	6	1	8	9	4	2	7
4	9	2	7	5	3	6	1	8
7	1	8	2	6	4	5	3	9

52.

9	4	1	5	6	3	7	2	8
5	6	2	7	1	8	9	4	3
8	3	7	9	2	4	1	6	5
2	5	8	6	3	9	4	1	7
1	7	3	2	4	5	8	9	6
4	9	6	1	8	7	5	3	2
3	1	5	4	7	2	6	8	9
7	8	4	3	9	6	2	5	1
6	2	9	8	5	1	3	7	4

53.

8	9	2	7	4	6	1	5	3
7	4	1	5	3	8	2	9	6
6	3	5	9	2	1	4	7	8
4	6	7	3	8	5	9	2	1
9	2	8	1	7	4	3	6	5
1	5	3	6	9	2	7	8	4
2	1	9	8	5	3	6	4	7
5	7	6	4	1	9	8	3	2
3	8	4	2	6	7	5	1	9

54.

1	3	2	5	9	6	4	7	8
6	9	5	8	4	7	1	2	3
4	7	8	1	3	2	9	6	5
7	5	1	4	2	9	8	3	6
8	6	9	3	7	5	2	1	4
2	4	3	6	8	1	5	9	7
9	8	7	2	6	4	3	5	1
3	1	6	9	5	8	7	4	2
5	2	4	7	1	3	6	8	9

55.

8	2	6	1	9	3	5	4	7
4	1	3	5	7	8	9	2	6
9	7	5	6	4	2	8	1	3
5	4	1	7	2	6	3	9	8
3	8	2	4	5	9	6	7	1
7	6	9	8	3	1	4	5	2
6	5	8	2	1	4	7	3	9
2	3	7	9	6	5	1	8	4
1	9	4	3	8	7	2	6	5

56.

6	1	2	5	9	3	7	8	4
7	9	4	2	1	8	3	6	5
3	8	5	6	7	4	9	1	2
2	6	7	3	8	1	5	4	9
4	3	9	7	6	5	1	2	8
8	5	1	4	2	9	6	7	3
1	4	8	9	3	6	2	5	7
5	2	3	1	4	7	8	9	6
9	7	6	8	5	2	4	3	1

57.

5	8	9	3	6	2	1	7	4
6	3	2	7	1	4	5	9	8
7	1	4	9	5	8	2	3	6
1	6	7	4	2	9	8	5	3
3	4	8	1	7	5	6	2	9
2	9	5	6	8	3	7	4	1
8	2	3	5	4	1	9	6	7
4	5	6	8	9	7	3	1	2
9	7	1	2	3	6	4	8	5

58.

5	3	2	6	7	8	9	1	4
6	9	7	1	4	5	8	3	2
8	1	4	9	2	3	5	6	7
9	5	8	2	6	7	3	4	1
1	2	6	3	9	4	7	8	5
7	4	3	5	8	1	6	2	9
3	7	9	4	1	6	2	5	8
2	6	1	8	5	9	4	7	3
4	8	5	7	3	2	1	9	6

59.

4	7	6	5	1	2	8	9	3
3	5	9	4	8	6	7	1	2
2	1	8	9	7	3	4	6	5
5	6	1	7	3	9	2	8	4
7	3	2	8	4	1	9	5	6
9	8	4	2	6	5	3	7	1
6	9	3	1	2	7	5	4	8
8	2	5	6	9	4	1	3	7
1	4	7	3	5	8	6	2	9

60.

4	5	2	7	3	6	9	1	8
1	8	9	5	2	4	3	6	7
3	6	7	1	9	8	5	4	2
7	1	4	8	5	9	2	3	6
6	2	5	4	7	3	1	8	9
9	3	8	2	6	1	7	5	4
2	4	3	6	1	7	8	9	5
5	9	6	3	8	2	4	7	1
8	7	1	9	4	5	6	2	3

61.

9	2	7	8	1	5	6	3	4
1	3	8	4	6	2	9	5	7
5	6	4	7	9	3	1	2	8
7	4	9	6	5	8	2	1	3
2	1	6	3	4	7	8	9	5
3	8	5	1	2	9	7	4	6
4	7	2	5	8	1	3	6	9
8	5	1	9	3	6	4	7	2
6	9	3	2	7	4	5	8	1

62.

6	4	9	1	5	7	2	8	3
5	7	1	8	2	3	4	6	9
2	8	3	6	9	4	5	7	1
8	2	6	4	3	1	7	9	5
9	1	7	2	6	5	8	3	4
4	3	5	7	8	9	6	1	2
3	6	4	9	7	2	1	5	8
7	5	2	3	1	8	9	4	6
1	9	8	5	4	6	3	2	7

63.

4	9	7	3	1	5	6	2	8
3	2	6	4	9	8	7	1	5
1	8	5	7	6	2	4	3	9
5	4	3	6	8	7	2	9	1
7	1	8	2	4	9	5	6	3
2	6	9	5	3	1	8	7	4
8	3	4	1	2	6	9	5	7
9	7	2	8	5	3	1	4	6
6	5	1	9	7	4	3	8	2

64.

8	4	2	7	6	3	9	5	1
6	7	3	9	5	1	2	8	4
9	5	1	2	4	8	7	6	3
2	3	8	4	7	9	5	1	6
5	6	7	3	1	2	4	9	8
1	9	4	6	8	5	3	2	7
7	8	6	5	2	4	1	3	9
3	1	5	8	9	7	6	4	2
4	2	9	1	3	6	8	7	5

65.

7	4	2	9	8	1	6	5	3
1	8	6	7	5	3	2	4	9
3	5	9	2	6	4	7	8	1
6	9	7	1	3	8	5	2	4
4	1	5	6	2	9	8	3	7
2	3	8	4	7	5	1	9	6
8	7	1	3	4	2	9	6	5
5	6	3	8	9	7	4	1	2
9	2	4	5	1	6	3	7	8

66.

7	9	5	8	3	1	6	2	4
6	8	4	5	2	7	3	1	9
2	1	3	4	9	6	8	5	7
4	3	6	2	7	9	5	8	1
9	2	8	1	5	4	7	3	6
1	5	7	3	6	8	4	9	2
5	7	1	6	8	2	9	4	3
8	4	9	7	1	3	2	6	5
3	6	2	9	4	5	1	7	8

67.

6	3	5	4	1	7	9	2	8
9	1	7	2	8	6	4	5	3
2	4	8	3	9	5	7	6	1
3	7	9	5	4	8	2	1	6
1	5	2	7	6	3	8	9	4
4	8	6	9	2	1	5	3	7
5	6	4	8	3	2	1	7	9
7	9	3	1	5	4	6	8	2
8	2	1	6	7	9	3	4	5

68.

5	6	7	9	3	1	8	4	2
3	1	9	8	4	2	6	7	5
8	4	2	5	6	7	9	3	1
4	5	8	1	7	3	2	9	6
1	2	6	4	9	8	3	5	7
7	9	3	2	5	6	1	8	4
9	8	4	6	1	5	7	2	3
6	7	5	3	2	9	4	1	8
2	3	1	7	8	4	5	6	9

69.

7	2	3	9	5	1	4	6	8
8	1	6	2	3	4	5	9	7
9	4	5	7	6	8	3	1	2
3	5	8	1	2	6	9	7	4
4	6	2	3	9	7	1	8	5
1	9	7	4	8	5	6	2	3
2	7	9	5	1	3	8	4	6
6	3	4	8	7	9	2	5	1
5	8	1	6	4	2	7	3	9

70.

9	3	1	4	5	8	7	2	6
7	5	8	2	6	1	3	9	4
6	4	2	3	7	9	8	5	1
8	6	9	7	1	2	4	3	5
2	7	5	6	3	4	9	1	8
4	1	3	8	9	5	2	6	7
1	2	6	9	8	7	5	4	3
3	8	4	5	2	6	1	7	9
5	9	7	1	4	3	6	8	2

71.

6	9	3	5	4	1	2	7	8
7	4	8	6	2	9	1	3	5
1	5	2	7	3	8	6	4	9
4	2	1	3	7	5	8	9	6
8	3	6	1	9	4	7	5	2
9	7	5	8	6	2	4	1	3
3	8	9	4	1	6	5	2	7
5	1	7	2	8	3	9	6	4
2	6	4	9	5	7	3	8	1

72.

2	5	7	9	8	4	3	6	1
4	8	6	1	3	2	7	9	5
3	1	9	5	6	7	8	4	2
6	9	3	7	4	1	5	2	8
5	7	1	8	2	6	4	3	9
8	4	2	3	5	9	6	1	7
1	6	8	2	7	3	9	5	4
7	2	4	6	9	5	1	8	3
9	3	5	4	1	8	2	7	6

73.

1	3	4	9	5	6	7	2	8
9	2	7	3	8	4	1	5	6
5	8	6	2	1	7	3	9	4
3	7	1	6	4	9	5	8	2
8	5	9	7	2	1	6	4	3
6	4	2	8	3	5	9	1	7
4	6	8	1	9	3	2	7	5
2	1	3	5	7	8	4	6	9
7	9	5	4	6	2	8	3	1

74.

8	4	7	3	1	2	9	5	6
2	6	9	8	5	7	3	4	1
5	3	1	9	4	6	8	2	7
4	9	6	1	7	5	2	8	3
3	1	2	6	8	4	5	7	9
7	8	5	2	3	9	6	1	4
6	5	4	7	9	8	1	3	2
9	7	3	5	2	1	4	6	8
1	2	8	4	6	3	7	9	5

75.

7	6	8	1	2	3	5	4	9
9	5	1	4	6	7	2	8	3
2	4	3	9	5	8	1	6	7
4	3	7	8	9	5	6	2	1
5	1	9	6	3	2	8	7	4
8	2	6	7	4	1	9	3	5
6	8	5	3	7	9	4	1	2
3	9	4	2	1	6	7	5	8
1	7	2	5	8	4	3	9	6

76.

9	4	2	8	5	1	7	3	6
8	1	6	7	3	2	9	4	5
7	5	3	9	6	4	8	2	1
4	2	7	5	1	3	6	9	8
3	9	1	6	8	7	2	5	4
5	6	8	2	4	9	3	1	7
6	3	5	1	9	8	4	7	2
1	7	9	4	2	6	5	8	3
2	8	4	3	7	5	1	6	9

77.

7	3	9	5	2	8	4	6	1
1	6	4	3	9	7	8	2	5
5	2	8	4	1	6	7	3	9
6	4	7	2	3	9	1	5	8
2	9	1	7	8	5	3	4	6
3	8	5	6	4	1	2	9	7
8	7	2	9	5	3	6	1	4
4	5	6	1	7	2	9	8	3
9	1	3	8	6	4	5	7	2

78.

4	2	6	1	9	8	3	7	5
3	5	8	2	7	4	9	1	6
9	7	1	5	3	6	2	4	8
7	8	3	6	5	1	4	9	2
5	6	4	9	2	3	1	8	7
2	1	9	8	4	7	6	5	3
8	9	7	3	1	2	5	6	4
1	4	2	7	6	5	8	3	9
6	3	5	4	8	9	7	2	1

79.

8	4	5	1	9	6	2	7	3
2	3	6	5	7	8	4	1	9
1	7	9	2	4	3	5	8	6
9	6	3	7	5	1	8	4	2
7	8	1	6	2	4	9	3	5
4	5	2	3	8	9	1	6	7
5	1	4	9	6	7	3	2	8
3	9	7	8	1	2	6	5	4
6	2	8	4	3	5	7	9	1

80.

8	4	9	1	6	3	7	2	5
7	5	1	2	8	4	3	9	6
2	3	6	9	7	5	8	1	4
6	9	5	4	3	2	1	7	8
1	2	8	7	9	6	5	4	3
4	7	3	5	1	8	2	6	9
3	1	2	8	4	9	6	5	7
5	6	4	3	2	7	9	8	1
9	8	7	6	5	1	4	3	2

81.

8	6	4	7	3	1	2	5	9
2	9	3	5	8	6	4	1	7
5	7	1	9	2	4	8	3	6
3	4	7	8	1	5	6	9	2
9	8	5	2	6	7	3	4	1
1	2	6	3	4	9	7	8	5
6	1	2	4	5	3	9	7	8
7	3	8	1	9	2	5	6	4
4	5	9	6	7	8	1	2	3

82.

7	2	5	3	8	4	9	6	1
6	9	1	7	2	5	3	8	4
8	4	3	1	6	9	7	2	5
9	1	6	4	7	2	5	3	8
5	3	2	6	9	8	1	4	7
4	7	8	5	3	1	6	9	2
3	8	4	9	1	7	2	5	6
1	5	9	2	4	6	8	7	3
2	6	7	8	5	3	4	1	9

83.

3	7	5	9	2	6	8	1	4
1	2	6	4	8	3	7	5	9
9	8	4	1	7	5	2	3	6
7	6	9	3	5	8	1	4	2
4	1	2	7	6	9	3	8	5
8	5	3	2	1	4	6	9	7
6	4	7	8	9	1	5	2	3
5	9	1	6	3	2	4	7	8
2	3	8	5	4	7	9	6	1

84.

1	4	9	6	7	3	5	8	2
2	6	5	1	8	9	3	7	4
7	3	8	5	4	2	6	1	9
6	1	2	3	9	5	7	4	8
9	8	4	2	6	7	1	3	5
5	7	3	4	1	8	2	9	6
4	5	7	8	3	6	9	2	1
3	2	1	9	5	4	8	6	7
8	9	6	7	2	1	4	5	3

85.

1	7	4	2	8	5	9	6	3
8	9	2	6	3	7	5	4	1
5	3	6	9	1	4	2	7	8
6	2	8	1	9	3	7	5	4
7	5	3	4	2	6	8	1	9
9	4	1	5	7	8	3	2	6
3	6	7	8	4	2	1	9	5
2	1	5	3	6	9	4	8	7
4	8	9	7	5	1	6	3	2

86.

3	2	7	6	4	1	8	9	5
9	1	4	8	5	7	2	3	6
5	8	6	3	2	9	7	1	4
6	9	1	5	7	2	4	8	3
7	5	3	9	8	4	1	6	2
2	4	8	1	6	3	9	5	7
8	7	9	2	3	6	5	4	1
1	3	2	4	9	5	6	7	8
4	6	5	7	1	8	3	2	9

87.

5	2	8	3	9	6	1	4	7
9	3	6	1	4	7	5	2	8
7	4	1	5	2	8	9	6	3
3	1	7	9	8	4	6	5	2
4	5	9	6	3	2	7	8	1
8	6	2	7	1	5	4	3	9
2	7	3	4	5	1	8	9	6
1	8	5	2	6	9	3	7	4
6	9	4	8	7	3	2	1	5

88.

7	4	1	8	2	9	3	6	5
5	6	9	7	4	3	2	1	8
2	3	8	6	1	5	9	4	7
1	9	6	2	7	8	4	5	3
4	8	5	3	9	1	6	7	2
3	2	7	4	5	6	8	9	1
8	1	4	9	3	7	5	2	6
9	7	3	5	6	2	1	8	4
6	5	2	1	8	4	7	3	9

89.

4	9	8	1	5	3	6	2	7
1	5	2	7	9	6	4	3	8
6	7	3	2	8	4	5	1	9
8	3	7	5	2	1	9	4	6
9	1	5	4	6	8	2	7	3
2	4	6	3	7	9	1	8	5
5	8	4	9	3	2	7	6	1
7	6	1	8	4	5	3	9	2
3	2	9	6	1	7	8	5	4

90.

7	3	4	8	6	9	1	5	2
2	5	1	3	4	7	8	6	9
6	9	8	1	5	2	7	3	4
5	4	3	2	7	1	6	9	8
9	2	7	6	8	4	3	1	5
1	8	6	9	3	5	4	2	7
8	7	9	5	1	3	2	4	6
3	6	5	4	2	8	9	7	1
4	1	2	7	9	6	5	8	3

91.

5	3	6	2	9	8	1	4	7
2	1	9	3	7	4	8	5	6
7	8	4	5	1	6	3	9	2
9	7	8	4	5	3	6	2	1
4	5	3	1	6	2	7	8	9
6	2	1	9	8	7	4	3	5
3	6	5	8	2	1	9	7	4
8	9	7	6	4	5	2	1	3
1	4	2	7	3	9	5	6	8

92.

9	1	4	5	6	2	7	8	3
6	5	8	9	3	7	4	1	2
7	3	2	8	4	1	5	6	9
1	9	3	7	8	4	2	5	6
8	2	7	1	5	6	3	9	4
5	4	6	3	2	9	8	7	1
3	6	1	4	7	5	9	2	8
2	8	5	6	9	3	1	4	7
4	7	9	2	1	8	6	3	5

93.

8	3	6	9	2	4	5	7	1
5	2	1	8	3	7	6	4	9
9	4	7	1	5	6	8	3	2
6	9	5	3	7	8	1	2	4
7	8	2	6	4	1	3	9	5
4	1	3	5	9	2	7	6	8
1	7	9	2	6	5	4	8	3
2	5	4	7	8	3	9	1	6
3	6	8	4	1	9	2	5	7

94.

5	6	2	3	7	1	9	4	8
8	4	7	2	6	9	5	3	1
9	3	1	5	8	4	2	7	6
7	2	6	1	4	5	8	9	3
4	9	3	6	2	8	1	5	7
1	8	5	7	9	3	6	2	4
6	1	4	9	5	7	3	8	2
3	7	9	8	1	2	4	6	5
2	5	8	4	3	6	7	1	9

95.

5	9	3	4	7	8	2	6	1
4	8	6	2	1	5	7	9	3
2	1	7	9	6	3	8	5	4
1	2	9	6	3	4	5	8	7
8	3	5	7	2	9	1	4	6
7	6	4	8	5	1	9	3	2
6	5	8	1	4	7	3	2	9
9	4	1	3	8	2	6	7	5
3	7	2	5	9	6	4	1	8

96.

9	3	4	7	2	5	6	8	1
7	1	5	9	8	6	3	4	2
2	6	8	4	3	1	5	7	9
4	2	9	1	5	3	7	6	8
6	5	1	8	9	7	2	3	4
8	7	3	2	6	4	9	1	5
1	9	2	3	7	8	4	5	6
3	8	6	5	4	9	1	2	7
5	4	7	6	1	2	8	9	3

97.

2	1	7	8	5	9	4	3	6
4	5	6	3	7	1	8	9	2
3	8	9	6	4	2	5	1	7
5	7	4	2	9	8	3	6	1
8	6	3	7	1	4	9	2	5
9	2	1	5	6	3	7	8	4
1	4	2	9	8	7	6	5	3
6	3	8	4	2	5	1	7	9
7	9	5	1	3	6	2	4	8

98.

3	9	4	7	8	6	2	1	5
7	6	8	2	5	1	3	9	4
5	1	2	9	3	4	8	6	7
9	2	5	6	1	3	7	4	8
6	8	3	4	7	9	5	2	1
1	4	7	8	2	5	6	3	9
4	5	6	3	9	8	1	7	2
8	7	9	1	6	2	4	5	3
2	3	1	5	4	7	9	8	6

99.

5	6	8	2	1	3	9	4	7
7	3	2	8	9	4	5	6	1
4	1	9	5	7	6	3	2	8
2	4	5	3	6	8	1	7	9
1	7	6	9	2	5	4	8	3
8	9	3	7	4	1	6	5	2
9	5	1	4	8	7	2	3	6
6	8	4	1	3	2	7	9	5
3	2	7	6	5	9	8	1	4

100.

6	1	7	8	3	2	5	9	4
3	5	9	7	4	6	8	1	2
2	4	8	9	1	5	6	7	3
9	3	6	5	2	4	1	8	7
4	7	1	6	8	9	2	3	5
8	2	5	3	7	1	4	6	9
1	6	3	2	5	7	9	4	8
7	9	2	4	6	8	3	5	1
5	8	4	1	9	3	7	2	6

101.

9	8	2	3	6	4	7	5	1
3	6	4	1	5	7	9	2	8
5	1	7	2	8	9	4	3	6
7	3	8	4	1	5	2	6	9
2	5	6	9	7	3	8	1	4
4	9	1	8	2	6	3	7	5
6	2	3	5	4	8	1	9	7
8	7	9	6	3	1	5	4	2
1	4	5	7	9	2	6	8	3

102.

8	3	4	9	6	2	5	1	7
2	9	1	5	8	7	3	6	4
7	6	5	4	1	3	9	8	2
4	8	6	3	7	5	1	2	9
5	1	9	6	2	8	7	4	3
3	7	2	1	9	4	6	5	8
6	5	8	2	3	9	4	7	1
9	4	7	8	5	1	2	3	6
1	2	3	7	4	6	8	9	5

103.

7	6	4	5	9	2	8	1	3
1	3	8	7	6	4	2	5	9
5	9	2	8	1	3	6	4	7
8	7	1	3	4	6	5	9	2
6	4	9	2	5	7	1	3	8
3	2	5	9	8	1	7	6	4
9	8	3	6	2	5	4	7	1
4	5	7	1	3	8	9	2	6
2	1	6	4	7	9	3	8	5

104.

7	4	3	1	5	9	8	6	2
5	8	6	4	2	7	9	1	3
2	9	1	3	6	8	7	4	5
4	6	7	9	8	3	5	2	1
8	5	2	6	7	1	4	3	9
3	1	9	5	4	2	6	7	8
1	2	4	7	9	5	3	8	6
6	3	5	8	1	4	2	9	7
9	7	8	2	3	6	1	5	4

105.

5	1	4	6	3	7	8	9	2
7	9	6	8	4	2	5	1	3
8	2	3	5	9	1	4	7	6
9	3	2	1	5	6	7	8	4
1	7	5	2	8	4	6	3	9
4	6	8	9	7	3	1	2	5
6	5	1	7	2	9	3	4	8
3	8	9	4	1	5	2	6	7
2	4	7	3	6	8	9	5	1

106.

9	2	4	8	1	7	5	3	6
1	8	7	3	6	5	4	2	9
6	5	3	9	4	2	8	1	7
7	3	8	5	2	9	6	4	1
2	1	6	7	8	4	3	9	5
4	9	5	6	3	1	7	8	2
8	7	9	2	5	3	1	6	4
3	4	2	1	7	6	9	5	8
5	6	1	4	9	8	2	7	3

107.

8	1	5	4	6	2	7	3	9
6	2	7	3	5	9	8	4	1
9	4	3	7	1	8	6	5	2
5	8	2	1	7	3	4	9	6
4	3	9	5	8	6	1	2	7
1	7	6	2	9	4	5	8	3
7	5	8	9	2	1	3	6	4
2	6	4	8	3	7	9	1	5
3	9	1	6	4	5	2	7	8

108.

9	8	6	5	1	2	3	4	7
4	5	1	3	7	6	2	8	9
3	2	7	4	8	9	5	6	1
1	4	8	9	3	5	6	7	2
5	9	2	7	6	8	4	1	3
6	7	3	1	2	4	8	9	5
8	1	4	2	9	3	7	5	6
7	3	5	6	4	1	9	2	8
2	6	9	8	5	7	1	3	4

109.

5	1	9	3	7	8	6	4	2
3	2	6	4	1	5	9	7	8
4	8	7	6	9	2	3	1	5
8	7	4	9	6	3	2	5	1
2	9	1	5	8	4	7	3	6
6	5	3	7	2	1	8	9	4
7	6	8	1	5	9	4	2	3
1	3	2	8	4	7	5	6	9
9	4	5	2	3	6	1	8	7

110.

7	4	8	5	2	9	3	1	6
5	2	3	6	7	1	4	9	8
1	9	6	8	3	4	7	2	5
8	1	7	4	5	3	2	6	9
6	3	9	2	1	8	5	4	7
4	5	2	7	9	6	8	3	1
2	6	1	3	8	5	9	7	4
3	8	4	9	6	7	1	5	2
9	7	5	1	4	2	6	8	3

111.

1	9	8	2	5	6	3	4	7
6	3	5	1	4	7	8	2	9
4	2	7	3	8	9	5	6	1
5	6	2	8	7	4	9	1	3
7	1	4	5	9	3	6	8	2
3	8	9	6	2	1	7	5	4
8	5	1	9	3	2	4	7	6
2	7	3	4	6	8	1	9	5
9	4	6	7	1	5	2	3	8

112.

8	2	6	7	1	4	3	5	9
4	3	1	9	5	8	6	2	7
5	9	7	3	2	6	8	4	1
7	8	2	5	9	3	1	6	4
6	1	9	4	7	2	5	8	3
3	4	5	6	8	1	9	7	2
1	5	4	2	6	9	7	3	8
9	6	3	8	4	7	2	1	5
2	7	8	1	3	5	4	9	6

113.

9	4	1	8	7	5	6	2	3
7	3	8	6	2	4	1	9	5
5	2	6	9	3	1	8	7	4
1	7	9	3	5	8	2	4	6
8	6	4	1	9	2	3	5	7
3	5	2	4	6	7	9	1	8
2	8	3	5	4	9	7	6	1
6	9	5	7	1	3	4	8	2
4	1	7	2	8	6	5	3	9

114.

4	1	9	2	5	8	6	3	7
2	6	8	4	3	7	5	1	9
3	5	7	9	6	1	4	2	8
1	4	3	5	7	6	8	9	2
7	9	5	8	2	3	1	6	4
8	2	6	1	9	4	7	5	3
5	8	4	3	1	2	9	7	6
6	3	1	7	8	9	2	4	5
9	7	2	6	4	5	3	8	1

115.

1	2	7	9	4	3	5	6	8
4	3	6	7	5	8	1	2	9
8	5	9	6	2	1	7	4	3
7	1	3	5	6	4	9	8	2
9	4	8	1	3	2	6	7	5
2	6	5	8	9	7	3	1	4
6	8	4	3	1	9	2	5	7
3	7	1	2	8	5	4	9	6
5	9	2	4	7	6	8	3	1

116.

3	2	5	9	6	8	4	1	7
7	4	9	3	1	5	8	2	6
8	6	1	7	4	2	9	3	5
9	5	7	2	8	1	6	4	3
1	3	6	5	9	4	2	7	8
4	8	2	6	3	7	1	5	9
5	1	3	8	2	9	7	6	4
6	9	4	1	7	3	5	8	2
2	7	8	4	5	6	3	9	1

117.

7	9	5	2	1	3	8	4	6
8	4	6	5	9	7	2	3	1
1	3	2	4	6	8	5	9	7
5	7	9	8	3	4	6	1	2
6	2	4	1	5	9	7	8	3
3	1	8	7	2	6	9	5	4
2	8	7	9	4	1	3	6	5
4	5	3	6	8	2	1	7	9
9	6	1	3	7	5	4	2	8

118.

3	5	1	2	9	8	6	4	7
2	6	8	4	7	1	3	9	5
4	7	9	5	6	3	2	8	1
1	9	2	3	4	7	8	5	6
6	8	4	9	2	5	7	1	3
5	3	7	8	1	6	9	2	4
8	2	3	7	5	4	1	6	9
7	4	6	1	8	9	5	3	2
9	1	5	6	3	2	4	7	8

119.

5	1	9	4	6	7	2	3	8
8	2	3	5	9	1	6	7	4
6	4	7	2	8	3	5	9	1
2	8	4	7	3	6	1	5	9
7	6	5	1	4	9	3	8	2
3	9	1	8	2	5	4	6	7
4	5	2	3	7	8	9	1	6
9	3	8	6	1	2	7	4	5
1	7	6	9	5	4	8	2	3

120.

3	1	9	8	4	2	5	7	6
5	8	6	1	9	7	3	4	2
7	4	2	5	6	3	1	8	9
8	2	4	3	5	9	7	6	1
1	3	5	2	7	6	8	9	4
6	9	7	4	1	8	2	3	5
2	7	1	6	3	4	9	5	8
4	5	3	9	8	1	6	2	7
9	6	8	7	2	5	4	1	3

121.

7	2	5	4	1	8	9	3	6
8	3	6	9	7	2	1	5	4
1	9	4	6	3	5	8	2	7
4	5	7	3	6	1	2	9	8
9	6	3	8	2	4	7	1	5
2	8	1	7	5	9	4	6	3
5	1	8	2	4	6	3	7	9
3	4	2	5	9	7	6	8	1
6	7	9	1	8	3	5	4	2

122.

9	3	2	6	7	8	4	1	5
4	6	5	3	9	1	2	7	8
8	7	1	2	4	5	6	3	9
5	1	7	9	6	3	8	2	4
2	8	3	7	5	4	1	9	6
6	9	4	8	1	2	7	5	3
7	4	9	5	2	6	3	8	1
1	2	8	4	3	9	5	6	7
3	5	6	1	8	7	9	4	2

123.

7	8	2	4	6	1	5	3	9
5	6	1	8	3	9	7	2	4
4	3	9	2	7	5	8	1	6
6	9	4	7	1	8	3	5	2
1	2	5	3	9	6	4	8	7
8	7	3	5	2	4	6	9	1
9	5	7	6	8	2	1	4	3
3	1	8	9	4	7	2	6	5
2	4	6	1	5	3	9	7	8

124.

5	6	7	1	8	3	4	9	2
9	2	3	5	4	7	6	8	1
1	4	8	2	9	6	3	5	7
4	7	5	8	1	9	2	6	3
3	9	1	6	7	2	8	4	5
6	8	2	4	3	5	7	1	9
2	1	4	3	5	8	9	7	6
8	3	9	7	6	1	5	2	4
7	5	6	9	2	4	1	3	8

125.

7	9	1	6	4	3	2	5	8
5	3	8	7	2	9	4	6	1
4	2	6	5	8	1	9	7	3
2	1	7	8	3	5	6	4	9
6	8	4	2	9	7	1	3	5
3	5	9	1	6	4	7	8	2
8	6	3	4	1	2	5	9	7
9	7	2	3	5	6	8	1	4
1	4	5	9	7	8	3	2	6

126.

4	1	3	7	6	5	8	2	9
7	2	5	8	1	9	3	4	6
8	9	6	2	3	4	5	1	7
2	4	7	3	5	8	6	9	1
3	6	1	9	7	2	4	5	8
9	5	8	1	4	6	2	7	3
6	3	9	4	2	1	7	8	5
5	8	4	6	9	7	1	3	2
1	7	2	5	8	3	9	6	4

127.

5	4	6	7	3	9	8	2	1
9	8	1	5	6	2	3	7	4
7	2	3	8	4	1	5	9	6
1	9	5	6	7	3	4	8	2
2	6	4	1	8	5	9	3	7
8	3	7	2	9	4	1	6	5
4	1	9	3	2	7	6	5	8
6	5	2	9	1	8	7	4	3
3	7	8	4	5	6	2	1	9

128.

8	4	1	6	7	5	3	9	2
3	9	2	8	1	4	7	6	5
6	7	5	2	9	3	8	1	4
7	2	9	1	3	6	4	5	8
5	1	3	9	4	8	2	7	6
4	6	8	5	2	7	9	3	1
9	5	6	7	8	2	1	4	3
1	8	4	3	6	9	5	2	7
2	3	7	4	5	1	6	8	9

129.

9	3	5	1	2	6	8	4	7
8	1	6	9	4	7	3	5	2
7	4	2	5	3	8	1	6	9
4	6	3	7	5	2	9	1	8
1	8	7	4	6	9	2	3	5
2	5	9	8	1	3	6	7	4
5	9	1	6	8	4	7	2	3
6	2	8	3	7	5	4	9	1
3	7	4	2	9	1	5	8	6

130.

1	5	8	6	7	2	4	9	3
4	3	9	5	8	1	6	7	2
6	7	2	9	4	3	1	8	5
8	2	3	7	6	4	9	5	1
5	1	7	2	3	9	8	4	6
9	6	4	8	1	5	2	3	7
7	9	1	3	2	8	5	6	4
2	8	6	4	5	7	3	1	9
3	4	5	1	9	6	7	2	8

131.

9	6	5	7	4	8	3	1	2
2	8	4	5	3	1	9	6	7
7	1	3	6	2	9	4	8	5
8	9	2	4	1	7	5	3	6
5	4	6	3	9	2	1	7	8
3	7	1	8	5	6	2	9	4
1	3	7	2	6	5	8	4	9
6	2	9	1	8	4	7	5	3
4	5	8	9	7	3	6	2	1

132.

8	2	4	6	5	7	9	1	3
7	6	5	1	9	3	4	8	2
9	1	3	4	8	2	5	7	6
1	5	2	8	4	9	6	3	7
4	7	8	3	6	5	2	9	1
3	9	6	7	2	1	8	5	4
5	8	1	2	7	6	3	4	9
2	3	9	5	1	4	7	6	8
6	4	7	9	3	8	1	2	5

133.

4	6	1	9	5	2	7	8	3
7	3	8	1	6	4	9	5	2
9	5	2	3	7	8	1	6	4
6	4	5	7	8	9	3	2	1
8	7	9	2	3	1	6	4	5
1	2	3	5	4	6	8	7	9
5	8	4	6	1	3	2	9	7
3	9	6	4	2	7	5	1	8
2	1	7	8	9	5	4	3	6

134.

1	8	9	4	5	2	7	3	6
4	7	5	6	9	3	8	2	1
3	6	2	7	1	8	4	5	9
5	9	3	1	8	6	2	7	4
7	1	6	5	2	4	9	8	3
8	2	4	9	3	7	1	6	5
9	4	8	2	6	5	3	1	7
2	5	1	3	7	9	6	4	8
6	3	7	8	4	1	5	9	2

135.

2	6	4	1	7	5	9	8	3
9	8	3	6	4	2	5	1	7
7	5	1	8	9	3	4	2	6
5	4	8	7	2	6	1	3	9
1	9	6	3	5	8	7	4	2
3	2	7	4	1	9	6	5	8
8	7	5	9	3	1	2	6	4
4	3	2	5	6	7	8	9	1
6	1	9	2	8	4	3	7	5

136.

8	6	9	5	4	2	3	1	7
3	4	1	7	6	9	2	8	5
5	2	7	3	1	8	4	6	9
7	8	4	2	9	1	5	3	6
9	3	5	6	7	4	8	2	1
6	1	2	8	3	5	7	9	4
1	9	3	4	8	7	6	5	2
4	5	6	9	2	3	1	7	8
2	7	8	1	5	6	9	4	3

137.

6	2	5	8	1	7	9	4	3
7	3	8	4	9	2	5	1	6
4	9	1	5	6	3	8	7	2
3	8	9	7	5	4	6	2	1
1	4	6	2	8	9	3	5	7
2	5	7	6	3	1	4	8	9
8	1	2	9	4	6	7	3	5
5	6	3	1	7	8	2	9	4
9	7	4	3	2	5	1	6	8

138.

1	8	4	9	2	7	3	6	5
9	3	7	5	8	6	1	2	4
6	2	5	3	1	4	8	7	9
5	4	3	7	9	1	2	8	6
8	9	1	2	6	3	4	5	7
7	6	2	8	4	5	9	1	3
3	7	8	1	5	9	6	4	2
2	5	6	4	3	8	7	9	1
4	1	9	6	7	2	5	3	8

139.

6	1	9	7	2	3	4	8	5
2	7	8	4	9	5	6	1	3
5	4	3	8	6	1	2	7	9
7	6	1	3	5	8	9	4	2
8	3	2	1	4	9	5	6	7
4	9	5	2	7	6	1	3	8
9	8	7	6	1	2	3	5	4
3	5	6	9	8	4	7	2	1
1	2	4	5	3	7	8	9	6

140.

5	7	6	9	2	8	4	1	3
8	3	4	6	5	1	9	7	2
2	9	1	3	7	4	6	8	5
9	4	2	5	1	7	8	3	6
6	5	8	2	4	3	7	9	1
3	1	7	8	6	9	5	2	4
1	8	9	4	3	5	2	6	7
4	2	3	7	9	6	1	5	8
7	6	5	1	8	2	3	4	9

141.

4	5	3	7	8	9	6	2	1
1	8	9	3	6	2	5	7	4
2	6	7	1	4	5	3	8	9
5	4	1	6	2	3	8	9	7
9	2	8	5	7	4	1	6	3
3	7	6	9	1	8	4	5	2
8	9	5	2	3	1	7	4	6
6	1	2	4	5	7	9	3	8
7	3	4	8	9	6	2	1	5

142.

9	2	7	4	8	3	1	5	6
6	4	3	2	5	1	9	8	7
5	8	1	7	6	9	2	3	4
4	3	5	9	7	8	6	1	2
1	9	2	6	3	5	4	7	8
7	6	8	1	2	4	3	9	5
2	5	9	8	1	6	7	4	3
8	7	4	3	9	2	5	6	1
3	1	6	5	4	7	8	2	9

143.

5	3	6	9	7	1	8	2	4
9	7	8	2	4	6	1	3	5
4	2	1	8	5	3	6	9	7
7	9	5	1	3	4	2	6	8
8	1	3	7	6	2	4	5	9
6	4	2	5	8	9	3	7	1
2	5	9	6	1	8	7	4	3
1	6	4	3	9	7	5	8	2
3	8	7	4	2	5	9	1	6

144.

2	1	3	7	9	8	6	5	4
7	9	5	3	6	4	1	8	2
6	4	8	5	2	1	3	7	9
4	8	9	2	1	7	5	6	3
1	3	7	6	4	5	9	2	8
5	6	2	8	3	9	4	1	7
8	2	1	4	5	3	7	9	6
9	7	4	1	8	6	2	3	5
3	5	6	9	7	2	8	4	1

145.

3	4	8	6	1	9	7	2	5
9	7	6	5	2	8	4	1	3
2	1	5	4	3	7	9	8	6
1	9	7	8	6	3	2	5	4
5	6	2	7	9	4	1	3	8
8	3	4	1	5	2	6	9	7
7	5	3	9	4	1	8	6	2
4	2	9	3	8	6	5	7	1
6	8	1	2	7	5	3	4	9

146.

8	4	9	6	1	5	2	7	3
2	7	3	8	4	9	6	5	1
1	6	5	3	7	2	9	8	4
7	3	4	9	8	6	1	2	5
5	1	6	7	2	4	3	9	8
9	8	2	5	3	1	4	6	7
6	5	8	4	9	3	7	1	2
3	2	7	1	6	8	5	4	9
4	9	1	2	5	7	8	3	6

147.

9	5	1	4	3	7	6	8	2
7	6	2	1	8	5	3	9	4
4	8	3	9	2	6	1	7	5
2	4	7	8	6	9	5	3	1
6	3	9	5	4	1	7	2	8
5	1	8	3	7	2	4	6	9
1	7	5	6	9	8	2	4	3
3	9	6	2	5	4	8	1	7
8	2	4	7	1	3	9	5	6

148.

7	2	3	4	5	6	1	9	8
1	4	6	9	8	7	2	3	5
5	9	8	3	1	2	6	7	4
3	1	2	7	4	9	8	5	6
4	8	7	5	6	3	9	2	1
9	6	5	1	2	8	3	4	7
2	5	1	6	9	4	7	8	3
8	7	4	2	3	1	5	6	9
6	3	9	8	7	5	4	1	2

149.

1	8	4	9	6	7	2	3	5
6	2	9	5	3	1	7	4	8
5	3	7	4	8	2	6	1	9
8	1	2	7	4	3	5	9	6
4	6	5	1	2	9	8	7	3
9	7	3	6	5	8	4	2	1
2	4	8	3	1	6	9	5	7
3	9	6	2	7	5	1	8	4
7	5	1	8	9	4	3	6	2

150.

4	1	5	8	9	3	7	6	2
8	2	9	7	1	6	4	3	5
6	3	7	4	5	2	8	1	9
7	6	3	9	4	5	2	8	1
1	5	4	2	8	7	3	9	6
9	8	2	6	3	1	5	7	4
2	4	6	3	7	9	1	5	8
5	7	8	1	6	4	9	2	3
3	9	1	5	2	8	6	4	7

151.

4	6	2	7	3	8	9	5	1
7	3	1	9	2	5	8	4	6
5	9	8	6	1	4	3	2	7
6	1	4	5	8	3	2	7	9
9	7	5	2	6	1	4	3	8
8	2	3	4	7	9	1	6	5
3	4	7	1	9	6	5	8	2
2	5	9	8	4	7	6	1	3
1	8	6	3	5	2	7	9	4

152.

1	6	7	8	9	2	3	4	5
9	3	2	4	5	6	1	8	7
8	5	4	1	3	7	6	2	9
5	9	8	2	4	1	7	3	6
2	7	1	3	6	9	4	5	8
6	4	3	5	7	8	2	9	1
3	1	9	6	2	5	8	7	4
4	8	5	7	1	3	9	6	2
7	2	6	9	8	4	5	1	3

153.

6	8	1	2	7	5	3	4	9
9	3	7	4	8	1	6	5	2
4	2	5	6	9	3	1	7	8
8	4	3	1	5	2	7	9	6
5	9	2	7	3	6	4	8	1
7	1	6	8	4	9	2	3	5
1	5	9	3	2	7	8	6	4
2	7	4	9	6	8	5	1	3
3	6	8	5	1	4	9	2	7

154.

4	5	8	2	9	6	7	1	3
7	9	2	1	3	4	6	8	5
3	1	6	5	8	7	9	4	2
9	3	1	7	6	2	8	5	4
2	4	5	9	1	8	3	6	7
8	6	7	3	4	5	2	9	1
5	8	3	6	7	1	4	2	9
6	2	9	4	5	3	1	7	8
1	7	4	8	2	9	5	3	6

155.

5	7	6	2	4	8	1	9	3
8	9	1	7	3	5	6	4	2
2	4	3	1	6	9	7	5	8
1	6	2	3	9	7	5	8	4
4	8	9	6	5	2	3	7	1
7	3	5	8	1	4	9	2	6
3	2	4	9	7	6	8	1	5
6	5	7	4	8	1	2	3	9
9	1	8	5	2	3	4	6	7

156.

1	4	3	2	5	6	7	8	9
7	2	8	3	9	1	6	5	4
5	6	9	7	8	4	3	2	1
6	8	1	4	2	5	9	7	3
3	7	4	9	6	8	2	1	5
2	9	5	1	7	3	8	4	6
8	1	6	5	3	2	4	9	7
9	5	2	6	4	7	1	3	8
4	3	7	8	1	9	5	6	2

157.

8	1	6	9	4	5	3	7	2
9	7	3	8	6	2	5	1	4
5	2	4	7	3	1	6	9	8
1	4	7	6	2	3	9	8	5
6	8	9	5	7	4	2	3	1
3	5	2	1	8	9	4	6	7
4	3	8	2	9	7	1	5	6
2	6	5	3	1	8	7	4	9
7	9	1	4	5	6	8	2	3

158.

5	2	4	1	6	8	3	7	9
8	3	9	5	2	7	1	6	4
6	1	7	9	3	4	8	5	2
9	7	8	4	1	2	5	3	6
1	6	5	7	9	3	4	2	8
2	4	3	6	8	5	9	1	7
3	9	2	8	5	6	7	4	1
7	8	6	3	4	1	2	9	5
4	5	1	2	7	9	6	8	3

159.

7	8	1	5	3	6	4	2	9
2	6	5	4	8	9	3	1	7
3	9	4	2	1	7	8	5	6
4	2	3	9	6	5	7	8	1
6	5	9	8	7	1	2	4	3
1	7	8	3	4	2	6	9	5
9	4	7	6	5	8	1	3	2
8	1	2	7	9	3	5	6	4
5	3	6	1	2	4	9	7	8

160.

8	5	7	4	1	2	3	6	9
1	9	6	7	8	3	4	2	5
4	3	2	5	6	9	1	8	7
3	2	5	6	7	1	9	4	8
6	8	1	9	3	4	5	7	2
9	7	4	8	2	5	6	1	3
7	1	9	2	5	6	8	3	4
5	6	8	3	4	7	2	9	1
2	4	3	1	9	8	7	5	6

161.

1	8	2	4	3	7	6	9	5
5	4	9	8	1	6	2	7	3
6	3	7	9	2	5	1	4	8
4	2	3	5	6	8	9	1	7
7	1	8	2	9	4	3	5	6
9	5	6	3	7	1	4	8	2
2	7	5	1	4	3	8	6	9
8	9	4	6	5	2	7	3	1
3	6	1	7	8	9	5	2	4

162.

7	5	1	2	6	8	4	9	3
9	2	6	7	3	4	8	1	5
3	4	8	1	9	5	7	2	6
1	3	2	6	4	7	5	8	9
4	7	9	5	8	2	6	3	1
8	6	5	9	1	3	2	4	7
6	9	4	8	5	1	3	7	2
2	1	3	4	7	6	9	5	8
5	8	7	3	2	9	1	6	4

163.

1	8	3	7	2	5	4	6	9
9	7	4	3	1	6	5	8	2
2	5	6	4	8	9	3	7	1
5	3	1	8	9	4	6	2	7
7	9	2	6	5	3	8	1	4
6	4	8	1	7	2	9	3	5
3	1	5	2	4	8	7	9	6
8	2	9	5	6	7	1	4	3
4	6	7	9	3	1	2	5	8

164.

5	2	4	8	3	1	9	6	7
3	7	6	2	9	4	1	8	5
1	9	8	7	5	6	3	4	2
9	1	5	6	7	8	4	2	3
4	6	3	9	2	5	7	1	8
7	8	2	4	1	3	6	5	9
2	4	7	1	8	9	5	3	6
8	3	1	5	6	7	2	9	4
6	5	9	3	4	2	8	7	1

165.

1	9	5	4	8	3	7	6	2
8	7	3	6	2	9	4	1	5
2	4	6	1	7	5	3	8	9
5	6	2	9	4	8	1	7	3
4	1	9	7	3	2	8	5	6
3	8	7	5	6	1	2	9	4
7	3	4	8	5	6	9	2	1
9	5	8	2	1	4	6	3	7
6	2	1	3	9	7	5	4	8

166.

5	4	1	9	2	6	8	3	7
3	8	2	5	7	1	9	4	6
9	6	7	4	3	8	2	1	5
7	5	3	8	9	2	1	6	4
6	9	8	3	1	4	7	5	2
1	2	4	7	6	5	3	8	9
2	1	9	6	4	3	5	7	8
4	7	5	1	8	9	6	2	3
8	3	6	2	5	7	4	9	1

167.

8	9	2	1	6	4	5	3	7
5	7	4	8	9	3	2	6	1
3	1	6	5	7	2	9	4	8
4	6	9	3	5	1	7	8	2
7	8	5	9	2	6	4	1	3
2	3	1	4	8	7	6	9	5
1	5	7	6	4	8	3	2	9
9	4	8	2	3	5	1	7	6
6	2	3	7	1	9	8	5	4

168.

2	4	6	5	8	7	1	3	9
7	3	8	9	1	2	6	5	4
1	9	5	3	6	4	2	8	7
4	7	1	8	5	9	3	6	2
5	6	2	1	4	3	9	7	8
3	8	9	2	7	6	5	4	1
8	1	7	6	9	5	4	2	3
6	2	4	7	3	1	8	9	5
9	5	3	4	2	8	7	1	6

169.

4	8	7	6	5	2	9	3	1
5	2	1	3	8	9	6	4	7
6	3	9	1	7	4	5	2	8
7	5	4	9	1	3	2	8	6
2	9	8	4	6	5	7	1	3
3	1	6	7	2	8	4	5	9
1	6	3	5	4	7	8	9	2
9	4	2	8	3	6	1	7	5
8	7	5	2	9	1	3	6	4

170.

2	6	7	3	8	1	5	4	9
8	3	9	4	7	5	6	2	1
5	1	4	6	9	2	3	7	8
9	4	3	1	2	7	8	5	6
6	2	8	5	3	9	4	1	7
7	5	1	8	4	6	2	9	3
3	9	5	2	1	8	7	6	4
4	7	6	9	5	3	1	8	2
1	8	2	7	6	4	9	3	5

171.

1	2	7	4	5	3	8	6	9
4	6	8	9	1	7	5	2	3
3	5	9	2	8	6	1	7	4
6	4	3	8	2	1	9	5	7
5	9	2	7	6	4	3	8	1
8	7	1	3	9	5	6	4	2
9	1	4	6	7	8	2	3	5
7	8	5	1	3	2	4	9	6
2	3	6	5	4	9	7	1	8

172.

7	9	6	3	2	5	1	4	8
4	8	2	9	6	1	5	3	7
5	3	1	4	8	7	6	9	2
6	5	8	7	3	9	2	1	4
2	4	9	6	1	8	3	7	5
3	1	7	5	4	2	8	6	9
9	6	4	8	5	3	7	2	1
1	7	5	2	9	6	4	8	3
8	2	3	1	7	4	9	5	6

173.

4	7	1	3	8	2	9	5	6
8	9	2	5	6	4	3	7	1
3	5	6	7	9	1	2	8	4
7	6	3	4	1	8	5	2	9
1	4	8	9	2	5	7	6	3
5	2	9	6	3	7	4	1	8
6	3	7	8	5	9	1	4	2
9	1	4	2	7	6	8	3	5
2	8	5	1	4	3	6	9	7

174.

6	9	2	4	7	8	1	3	5
3	4	8	6	1	5	2	9	7
1	7	5	2	9	3	8	4	6
2	5	6	3	8	9	7	1	4
4	3	9	7	6	1	5	2	8
8	1	7	5	4	2	3	6	9
5	8	4	1	3	6	9	7	2
7	2	3	9	5	4	6	8	1
9	6	1	8	2	7	4	5	3

175.

2	7	9	1	8	6	5	4	3
3	6	1	4	5	7	8	2	9
8	5	4	9	3	2	6	7	1
6	4	3	8	1	5	2	9	7
7	8	5	3	2	9	1	6	4
1	9	2	6	7	4	3	8	5
5	2	6	7	4	1	9	3	8
9	3	7	5	6	8	4	1	2
4	1	8	2	9	3	7	5	6

176.

9	4	1	5	2	3	7	6	8
5	2	8	9	6	7	1	3	4
7	6	3	1	4	8	5	2	9
6	8	9	3	1	5	4	7	2
2	1	7	6	9	4	8	5	3
4	3	5	7	8	2	9	1	6
8	7	6	4	3	1	2	9	5
1	9	4	2	5	6	3	8	7
3	5	2	8	7	9	6	4	1

177.

4	9	2	1	5	7	3	8	6
6	1	7	2	3	8	4	9	5
3	8	5	6	9	4	7	1	2
2	4	3	7	1	5	9	6	8
1	5	6	8	4	9	2	7	3
9	7	8	3	6	2	1	5	4
5	6	4	9	7	3	8	2	1
7	2	1	4	8	6	5	3	9
8	3	9	5	2	1	6	4	7

178.

8	4	2	1	7	3	6	9	5
7	1	5	6	2	9	3	8	4
3	9	6	4	8	5	7	2	1
9	2	3	5	1	8	4	6	7
6	8	4	2	3	7	1	5	9
1	5	7	9	6	4	8	3	2
5	3	1	7	9	6	2	4	8
4	7	8	3	5	2	9	1	6
2	6	9	8	4	1	5	7	3

179.

9	2	1	5	8	6	4	7	3
8	5	6	4	3	7	9	1	2
7	4	3	2	1	9	6	5	8
4	8	9	3	7	5	1	2	6
6	1	5	9	2	8	3	4	7
3	7	2	6	4	1	5	8	9
5	6	7	8	9	4	2	3	1
1	3	4	7	6	2	8	9	5
2	9	8	1	5	3	7	6	4

180.

4	7	5	1	6	8	2	9	3
2	6	9	3	4	7	8	1	5
1	3	8	2	9	5	7	4	6
7	5	6	8	2	4	1	3	9
9	8	4	6	3	1	5	2	7
3	1	2	7	5	9	4	6	8
8	4	3	5	1	6	9	7	2
5	2	1	9	7	3	6	8	4
6	9	7	4	8	2	3	5	1

181.

8	9	4	2	6	5	3	1	7
2	3	7	9	1	4	8	6	5
1	6	5	3	7	8	4	2	9
5	4	9	1	2	7	6	8	3
7	8	1	6	4	3	5	9	2
3	2	6	8	5	9	7	4	1
9	5	2	7	8	6	1	3	4
6	7	3	4	9	1	2	5	8
4	1	8	5	3	2	9	7	6

182.

1	2	5	4	8	9	7	3	6
6	9	7	2	1	3	4	8	5
3	4	8	5	6	7	1	9	2
7	3	4	8	2	5	6	1	9
5	1	9	3	7	6	2	4	8
8	6	2	1	9	4	5	7	3
2	5	3	9	4	1	8	6	7
9	7	1	6	5	8	3	2	4
4	8	6	7	3	2	9	5	1

183.

2	5	8	7	3	4	6	9	1
9	4	6	1	2	8	7	5	3
1	7	3	5	6	9	4	2	8
7	8	2	3	9	5	1	4	6
5	3	1	6	4	2	9	8	7
6	9	4	8	1	7	5	3	2
4	1	9	2	8	6	3	7	5
3	2	7	4	5	1	8	6	9
8	6	5	9	7	3	2	1	4

184.

6	5	8	1	7	3	2	4	9
7	1	2	9	8	4	3	5	6
4	9	3	5	2	6	8	1	7
3	2	9	4	6	1	7	8	5
5	4	6	7	3	8	9	2	1
1	8	7	2	9	5	6	3	4
8	7	1	3	5	9	4	6	2
9	3	4	6	1	2	5	7	8
2	6	5	8	4	7	1	9	3

185.

3	6	1	4	2	5	9	7	8
7	4	8	6	9	3	1	2	5
5	2	9	1	7	8	3	6	4
8	1	4	3	5	6	2	9	7
2	7	3	9	8	4	5	1	6
9	5	6	2	1	7	8	4	3
6	8	2	7	3	9	4	5	1
1	3	7	5	4	2	6	8	9
4	9	5	8	6	1	7	3	2

186.

3	9	8	5	1	4	2	7	6
6	1	2	8	3	7	5	9	4
5	4	7	6	2	9	1	3	8
7	2	4	3	9	1	6	8	5
8	5	9	2	7	6	3	4	1
1	6	3	4	8	5	9	2	7
4	3	1	7	6	2	8	5	9
9	8	5	1	4	3	7	6	2
2	7	6	9	5	8	4	1	3

187.

9	8	3	4	2	5	7	6	1
7	5	2	1	3	6	4	9	8
1	4	6	8	9	7	5	2	3
5	7	9	3	6	2	1	8	4
6	3	1	9	4	8	2	7	5
8	2	4	5	7	1	9	3	6
4	6	5	2	8	9	3	1	7
2	1	7	6	5	3	8	4	9
3	9	8	7	1	4	6	5	2

188.

1	8	3	2	4	7	9	6	5
6	2	7	9	5	3	8	1	4
5	4	9	8	1	6	7	3	2
2	3	1	7	9	5	4	8	6
9	7	6	1	8	4	2	5	3
4	5	8	6	3	2	1	7	9
8	9	5	3	2	1	6	4	7
3	6	2	4	7	8	5	9	1
7	1	4	5	6	9	3	2	8

189.

3	5	4	9	6	7	2	1	8
8	6	1	2	4	5	7	9	3
9	7	2	1	8	3	4	6	5
5	2	8	7	1	6	9	3	4
6	1	9	4	3	2	5	8	7
7	4	3	8	5	9	6	2	1
1	8	6	5	9	4	3	7	2
4	9	7	3	2	1	8	5	6
2	3	5	6	7	8	1	4	9

190.

8	6	4	2	9	7	3	5	1
1	3	5	6	4	8	2	7	9
2	9	7	1	3	5	4	8	6
5	1	8	4	2	3	9	6	7
9	7	3	5	6	1	8	4	2
6	4	2	7	8	9	1	3	5
3	5	1	9	7	4	6	2	8
7	8	6	3	1	2	5	9	4
4	2	9	8	5	6	7	1	3

191.

3	9	1	5	6	2	7	4	8
4	2	6	8	7	3	5	1	9
5	8	7	4	9	1	3	2	6
1	6	3	7	8	5	4	9	2
8	5	9	2	1	4	6	7	3
7	4	2	9	3	6	8	5	1
9	1	8	3	5	7	2	6	4
6	7	4	1	2	8	9	3	5
2	3	5	6	4	9	1	8	7

192.

7	5	4	8	2	6	1	9	3
6	2	3	7	9	1	5	4	8
1	8	9	5	4	3	6	2	7
2	9	6	1	8	7	4	3	5
4	3	1	2	5	9	8	7	6
5	7	8	6	3	4	2	1	9
8	1	5	9	7	2	3	6	4
3	6	7	4	1	5	9	8	2
9	4	2	3	6	8	7	5	1

193.

1	4	8	7	5	6	3	2	9
7	6	5	2	3	9	8	1	4
9	2	3	1	8	4	5	6	7
3	9	2	6	4	1	7	5	8
6	5	1	8	9	7	4	3	2
4	8	7	5	2	3	1	9	6
2	7	6	4	1	5	9	8	3
5	3	4	9	6	8	2	7	1
8	1	9	3	7	2	6	4	5

194.

2	1	9	5	6	7	8	3	4
3	8	6	9	4	1	5	7	2
7	5	4	3	2	8	6	1	9
4	6	2	7	5	3	9	8	1
8	3	1	4	9	6	2	5	7
9	7	5	8	1	2	4	6	3
5	2	3	1	8	4	7	9	6
6	9	7	2	3	5	1	4	8
1	4	8	6	7	9	3	2	5

195.

2	1	7	5	9	4	6	8	3
4	5	3	6	1	8	7	9	2
9	8	6	3	2	7	1	5	4
8	6	4	2	3	5	9	7	1
1	9	5	7	4	6	2	3	8
3	7	2	9	8	1	5	4	6
7	3	1	4	5	2	8	6	9
5	2	9	8	6	3	4	1	7
6	4	8	1	7	9	3	2	5

196.

8	3	2	6	1	7	9	4	5
1	6	5	9	3	4	7	8	2
9	7	4	2	8	5	1	6	3
5	4	3	8	9	2	6	1	7
6	2	1	7	4	3	8	5	9
7	8	9	5	6	1	2	3	4
3	5	7	1	2	6	4	9	8
2	9	6	4	5	8	3	7	1
4	1	8	3	7	9	5	2	6

197.

7	8	2	4	6	1	5	3	9
4	3	9	8	5	7	6	1	2
5	1	6	9	3	2	8	4	7
2	5	1	3	9	4	7	6	8
3	6	8	7	1	5	9	2	4
9	4	7	2	8	6	1	5	3
6	2	4	1	7	9	3	8	5
8	9	5	6	4	3	2	7	1
1	7	3	5	2	8	4	9	6

198.

6	7	3	1	4	5	8	9	2
9	1	4	7	8	2	6	5	3
5	8	2	3	6	9	7	4	1
3	5	9	2	7	8	1	6	4
7	4	1	9	5	6	3	2	8
2	6	8	4	1	3	9	7	5
8	9	7	5	3	4	2	1	6
1	3	5	6	2	7	4	8	9
4	2	6	8	9	1	5	3	7

199.

3	8	1	4	2	7	5	6	9
4	5	7	8	6	9	1	2	3
2	9	6	1	5	3	4	7	8
1	7	4	9	3	6	8	5	2
8	6	5	2	4	1	9	3	7
9	2	3	7	8	5	6	1	4
5	4	2	3	1	8	7	9	6
6	3	9	5	7	4	2	8	1
7	1	8	6	9	2	3	4	5

200.

5	2	7	6	8	3	4	9	1
6	4	9	5	2	1	3	8	7
8	3	1	4	9	7	2	6	5
7	9	8	2	6	4	1	5	3
1	5	2	7	3	9	6	4	8
4	6	3	1	5	8	7	2	9
2	8	5	3	1	6	9	7	4
3	7	6	9	4	5	8	1	2
9	1	4	8	7	2	5	3	6

201.

4	9	2	6	5	3	7	8	1
8	7	1	9	4	2	3	6	5
5	3	6	1	7	8	4	9	2
2	6	9	3	1	7	5	4	8
7	1	8	5	9	4	6	2	3
3	4	5	8	2	6	1	7	9
1	5	4	2	6	9	8	3	7
9	8	7	4	3	5	2	1	6
6	2	3	7	8	1	9	5	4

202.

7	3	8	2	6	1	4	9	5
2	5	4	9	7	8	3	1	6
1	6	9	3	5	4	2	7	8
8	2	3	7	1	6	5	4	9
9	1	5	8	4	3	6	2	7
6	4	7	5	9	2	1	8	3
4	7	6	1	3	9	8	5	2
3	9	2	4	8	5	7	6	1
5	8	1	6	2	7	9	3	4

203.

3	4	1	7	9	6	8	2	5
8	7	2	3	1	5	6	9	4
9	6	5	4	8	2	7	3	1
4	8	6	9	7	1	2	5	3
5	1	7	8	2	3	4	6	9
2	9	3	6	5	4	1	7	8
6	5	8	2	4	9	3	1	7
1	2	4	5	3	7	9	8	6
7	3	9	1	6	8	5	4	2

204.

9	3	1	8	5	2	7	6	4
6	4	8	7	9	3	2	1	5
5	2	7	1	4	6	3	8	9
3	8	4	5	6	1	9	7	2
1	6	9	2	7	4	5	3	8
7	5	2	3	8	9	1	4	6
8	1	6	9	2	7	4	5	3
4	9	3	6	1	5	8	2	7
2	7	5	4	3	8	6	9	1

205.

2	6	4	9	8	5	7	1	3
9	7	1	2	6	3	5	4	8
5	3	8	1	7	4	2	6	9
6	4	3	8	5	9	1	2	7
1	8	2	6	4	7	9	3	5
7	9	5	3	1	2	4	8	6
8	5	6	7	2	1	3	9	4
3	1	7	4	9	8	6	5	2
4	2	9	5	3	6	8	7	1

206.

7	6	4	8	9	2	1	5	3
9	3	8	4	5	1	2	6	7
2	5	1	3	7	6	8	9	4
1	7	3	9	2	5	4	8	6
8	9	6	7	4	3	5	1	2
4	2	5	6	1	8	7	3	9
3	4	9	1	8	7	6	2	5
5	1	7	2	6	9	3	4	8
6	8	2	5	3	4	9	7	1

207.

7	5	4	6	8	3	1	2	9
9	6	2	1	7	4	3	8	5
3	1	8	9	5	2	4	6	7
8	7	1	3	4	5	2	9	6
5	2	3	7	9	6	8	4	1
4	9	6	2	1	8	7	5	3
1	4	7	5	2	9	6	3	8
2	3	9	8	6	1	5	7	4
6	8	5	4	3	7	9	1	2

208.

8	2	3	4	5	7	1	9	6
4	5	7	1	9	6	3	8	2
9	6	1	8	2	3	5	7	4
5	7	9	2	3	8	6	4	1
6	1	8	7	4	5	9	2	3
2	3	4	6	1	9	7	5	8
1	9	2	5	6	4	8	3	7
7	4	5	3	8	1	2	6	9
3	8	6	9	7	2	4	1	5

209.

8	4	5	3	2	7	9	1	6
3	6	7	1	9	5	4	2	8
2	1	9	6	4	8	3	7	5
4	5	2	7	8	1	6	3	9
1	8	3	5	6	9	7	4	2
7	9	6	4	3	2	5	8	1
9	3	8	2	5	4	1	6	7
5	7	4	8	1	6	2	9	3
6	2	1	9	7	3	8	5	4

210.

6	3	2	9	8	1	7	4	5
7	8	5	4	2	3	9	6	1
4	1	9	6	7	5	2	3	8
2	9	1	3	6	7	8	5	4
5	6	4	1	9	8	3	7	2
8	7	3	5	4	2	1	9	6
3	4	7	2	1	6	5	8	9
1	5	6	8	3	9	4	2	7
9	2	8	7	5	4	6	1	3

211.

1	6	8	4	9	2	3	7	5
3	9	4	6	5	7	2	8	1
7	5	2	8	3	1	6	4	9
5	1	9	7	2	8	4	6	3
8	4	3	9	1	6	7	5	2
6	2	7	5	4	3	1	9	8
9	3	6	1	8	4	5	2	7
4	8	1	2	7	5	9	3	6
2	7	5	3	6	9	8	1	4

212.

2	6	1	8	9	7	5	4	3
7	8	9	3	4	5	2	6	1
3	4	5	1	2	6	8	7	9
5	7	3	6	8	2	1	9	4
9	2	8	4	3	1	6	5	7
4	1	6	7	5	9	3	2	8
1	5	4	9	6	3	7	8	2
8	3	2	5	7	4	9	1	6
6	9	7	2	1	8	4	3	5

213.

9	4	6	5	3	7	2	1	8
7	5	8	2	9	1	6	3	4
2	1	3	6	8	4	5	7	9
5	9	7	3	2	8	4	6	1
4	3	1	7	5	6	8	9	2
8	6	2	1	4	9	7	5	3
1	8	5	9	6	2	3	4	7
3	7	4	8	1	5	9	2	6
6	2	9	4	7	3	1	8	5

214.

7	5	4	2	3	6	9	1	8
1	2	9	4	7	8	3	5	6
6	3	8	1	5	9	7	2	4
2	4	5	8	9	3	6	7	1
3	6	7	5	1	4	8	9	2
9	8	1	7	6	2	5	4	3
5	1	2	6	8	7	4	3	9
4	9	6	3	2	5	1	8	7
8	7	3	9	4	1	2	6	5

215.

2	3	5	4	6	1	8	7	9
7	9	6	2	8	3	4	5	1
1	8	4	7	5	9	3	6	2
3	7	8	6	1	5	9	2	4
4	6	1	9	2	7	5	8	3
9	5	2	8	3	4	7	1	6
8	4	3	1	7	6	2	9	5
5	1	7	3	9	2	6	4	8
6	2	9	5	4	8	1	3	7

216.

5	1	9	8	4	3	7	6	2
2	7	3	6	9	5	4	1	8
4	8	6	1	7	2	5	9	3
7	9	8	3	2	1	6	5	4
6	3	4	9	5	7	2	8	1
1	2	5	4	8	6	9	3	7
9	4	1	7	6	8	3	2	5
8	5	7	2	3	9	1	4	6
3	6	2	5	1	4	8	7	9

217.

6	9	7	3	4	1	2	5	8
2	3	5	9	7	8	1	4	6
1	8	4	6	2	5	7	9	3
5	7	3	2	1	6	4	8	9
8	4	6	7	3	9	5	2	1
9	1	2	5	8	4	3	6	7
3	6	1	4	9	2	8	7	5
7	2	9	8	5	3	6	1	4
4	5	8	1	6	7	9	3	2

218.

1	9	2	5	8	3	6	7	4
8	3	4	7	9	6	5	1	2
6	5	7	2	1	4	3	9	8
3	1	5	4	6	7	8	2	9
2	7	9	8	3	1	4	6	5
4	8	6	9	2	5	1	3	7
7	2	1	6	4	8	9	5	3
9	6	8	3	5	2	7	4	1
5	4	3	1	7	9	2	8	6

219.

1	7	9	8	2	4	6	3	5
8	5	6	7	3	9	2	1	4
3	2	4	5	1	6	9	7	8
4	3	2	9	5	1	8	6	7
7	9	8	4	6	2	1	5	3
5	6	1	3	7	8	4	2	9
9	1	5	6	4	3	7	8	2
2	4	3	1	8	7	5	9	6
6	8	7	2	9	5	3	4	1

220.

3	8	6	4	5	1	9	7	2
4	9	7	6	3	2	8	1	5
1	5	2	9	7	8	3	4	6
5	2	4	1	9	3	6	8	7
8	6	3	5	4	7	2	9	1
9	7	1	8	2	6	5	3	4
6	4	8	2	1	9	7	5	3
2	3	5	7	8	4	1	6	9
7	1	9	3	6	5	4	2	8

221.

9	5	3	7	4	8	6	1	2
2	1	6	3	5	9	8	7	4
8	4	7	2	1	6	9	5	3
1	2	9	8	3	4	7	6	5
3	7	4	6	9	5	1	2	8
6	8	5	1	2	7	3	4	9
7	9	1	4	8	2	5	3	6
4	6	8	5	7	3	2	9	1
5	3	2	9	6	1	4	8	7

222.

6	4	3	8	9	7	5	1	2
1	2	5	3	4	6	8	9	7
7	9	8	1	5	2	4	3	6
2	1	7	5	3	8	6	4	9
5	3	6	4	2	9	7	8	1
4	8	9	6	7	1	3	2	5
9	6	4	7	1	3	2	5	8
8	5	2	9	6	4	1	7	3
3	7	1	2	8	5	9	6	4

223.

2	5	9	6	8	7	4	1	3
8	4	7	3	9	1	6	2	5
6	1	3	4	5	2	7	9	8
9	7	1	5	6	3	8	4	2
3	8	2	1	7	4	9	5	6
5	6	4	8	2	9	1	3	7
1	2	6	9	3	8	5	7	4
7	9	8	2	4	5	3	6	1
4	3	5	7	1	6	2	8	9

224.

5	8	1	9	2	3	7	4	6
3	7	2	5	6	4	8	1	9
9	6	4	1	8	7	5	2	3
1	9	3	2	4	5	6	8	7
7	4	5	8	1	6	9	3	2
6	2	8	3	7	9	4	5	1
8	1	6	4	9	2	3	7	5
2	5	9	7	3	8	1	6	4
4	3	7	6	5	1	2	9	8

225.

5	6	4	8	7	9	3	1	2
2	9	7	1	3	4	5	6	8
1	3	8	6	5	2	7	4	9
3	8	5	9	1	6	4	2	7
6	7	1	4	2	5	8	9	3
4	2	9	7	8	3	6	5	1
7	1	6	5	9	8	2	3	4
8	5	2	3	4	1	9	7	6
9	4	3	2	6	7	1	8	5

226.

1	4	7	2	8	5	6	3	9
8	5	2	3	9	6	4	7	1
3	6	9	7	4	1	5	8	2
7	8	6	5	2	9	1	4	3
2	3	5	1	6	4	7	9	8
4	9	1	8	7	3	2	6	5
5	7	4	9	1	8	3	2	6
9	2	3	6	5	7	8	1	4
6	1	8	4	3	2	9	5	7

227.

3	9	1	8	4	2	6	7	5
6	5	4	3	7	9	8	1	2
8	2	7	6	1	5	9	4	3
5	1	3	2	6	8	4	9	7
7	6	9	4	5	3	2	8	1
4	8	2	1	9	7	3	5	6
1	7	6	9	2	4	5	3	8
2	4	8	5	3	1	7	6	9
9	3	5	7	8	6	1	2	4

228.

9	3	5	4	7	8	1	2	6
4	8	1	9	2	6	5	3	7
6	7	2	3	5	1	9	4	8
8	9	6	1	4	2	7	5	3
7	5	4	6	9	3	2	8	1
1	2	3	7	8	5	4	6	9
3	4	8	2	1	7	6	9	5
5	1	9	8	6	4	3	7	2
2	6	7	5	3	9	8	1	4

229.

8	6	4	9	5	1	3	2	7
3	2	7	6	4	8	5	9	1
5	9	1	3	2	7	6	8	4
6	4	2	1	3	9	8	7	5
7	3	8	2	6	5	1	4	9
1	5	9	7	8	4	2	3	6
9	7	3	8	1	6	4	5	2
2	1	5	4	7	3	9	6	8
4	8	6	5	9	2	7	1	3

230.

6	1	2	8	4	5	3	9	7
3	7	4	6	9	1	5	8	2
8	5	9	7	2	3	1	4	6
5	6	3	2	1	9	4	7	8
9	4	8	5	7	6	2	1	3
1	2	7	4	3	8	6	5	9
7	3	1	9	5	2	8	6	4
4	8	5	3	6	7	9	2	1
2	9	6	1	8	4	7	3	5

231.

8	5	6	7	2	4	3	9	1
1	7	2	3	5	9	8	4	6
4	9	3	6	8	1	7	2	5
2	8	7	5	4	6	9	1	3
6	1	9	2	3	8	4	5	7
5	3	4	9	1	7	6	8	2
3	6	5	8	9	2	1	7	4
9	2	1	4	7	3	5	6	8
7	4	8	1	6	5	2	3	9

232.

6	4	1	5	8	3	9	2	7
7	8	5	9	2	1	6	3	4
3	9	2	6	4	7	1	8	5
8	6	7	4	9	5	2	1	3
4	2	3	7	1	8	5	6	9
5	1	9	2	3	6	7	4	8
9	3	6	1	5	4	8	7	2
1	5	8	3	7	2	4	9	6
2	7	4	8	6	9	3	5	1

233.

2	9	8	4	1	6	5	3	7
1	3	4	9	5	7	2	8	6
7	6	5	3	8	2	9	1	4
5	7	3	2	9	1	4	6	8
9	8	6	7	4	5	3	2	1
4	2	1	6	3	8	7	9	5
3	4	7	1	6	9	8	5	2
8	1	9	5	2	4	6	7	3
6	5	2	8	7	3	1	4	9

234.

1	7	5	9	4	3	6	2	8
4	8	2	1	6	5	9	7	3
9	6	3	2	8	7	1	5	4
6	3	8	5	2	9	4	1	7
5	9	7	4	1	6	3	8	2
2	4	1	3	7	8	5	6	9
3	1	9	7	5	2	8	4	6
8	2	4	6	9	1	7	3	5
7	5	6	8	3	4	2	9	1

235.

8	1	5	6	4	3	9	7	2
3	2	4	9	8	7	5	6	1
7	6	9	5	2	1	8	4	3
1	7	6	3	9	2	4	5	8
4	9	2	8	7	5	3	1	6
5	8	3	4	1	6	7	2	9
6	4	1	7	3	9	2	8	5
2	3	8	1	5	4	6	9	7
9	5	7	2	6	8	1	3	4

236.

4	2	3	8	6	1	5	9	7
8	9	6	7	2	5	4	1	3
1	7	5	3	4	9	8	2	6
2	5	4	6	9	7	1	3	8
3	6	9	4	1	8	7	5	2
7	8	1	2	5	3	6	4	9
6	1	2	9	8	4	3	7	5
9	4	7	5	3	6	2	8	1
5	3	8	1	7	2	9	6	4

237.

3	8	2	6	1	5	9	4	7
6	7	5	8	4	9	1	2	3
1	4	9	2	7	3	6	5	8
2	5	8	1	3	6	7	9	4
9	1	3	7	2	4	5	8	6
7	6	4	5	9	8	2	3	1
4	3	7	9	5	1	8	6	2
5	2	6	4	8	7	3	1	9
8	9	1	3	6	2	4	7	5

238.

9	5	6	3	2	8	4	7	1
4	1	8	6	9	7	3	5	2
7	2	3	4	1	5	8	9	6
8	4	5	7	6	1	9	2	3
6	7	2	9	8	3	5	1	4
1	3	9	2	5	4	7	6	8
3	6	4	5	7	2	1	8	9
2	8	7	1	4	9	6	3	5
5	9	1	8	3	6	2	4	7

239.

1	4	7	9	2	3	5	8	6
3	6	5	7	1	8	2	9	4
9	2	8	4	6	5	7	3	1
8	9	6	2	3	4	1	5	7
5	7	2	1	9	6	3	4	8
4	1	3	5	8	7	6	2	9
6	5	4	8	7	2	9	1	3
2	3	9	6	4	1	8	7	5
7	8	1	3	5	9	4	6	2

240.

4	5	9	3	1	7	2	8	6
3	1	2	6	8	5	9	4	7
6	7	8	4	9	2	3	1	5
8	3	1	9	7	4	5	6	2
2	6	5	1	3	8	7	9	4
7	9	4	5	2	6	8	3	1
5	4	7	8	6	3	1	2	9
1	2	3	7	4	9	6	5	8
9	8	6	2	5	1	4	7	3

241.

6	9	1	4	7	8	5	2	3
2	5	7	1	3	9	6	4	8
3	4	8	6	2	5	9	1	7
4	1	5	8	6	3	2	7	9
7	2	6	9	5	1	3	8	4
9	8	3	7	4	2	1	5	6
1	7	2	3	9	4	8	6	5
8	3	4	5	1	6	7	9	2
5	6	9	2	8	7	4	3	1

242.

7	1	8	5	6	2	4	9	3
6	2	5	4	3	9	1	8	7
4	9	3	7	8	1	6	5	2
1	4	7	3	5	8	2	6	9
3	5	9	1	2	6	7	4	8
2	8	6	9	4	7	3	1	5
5	6	4	2	9	3	8	7	1
9	3	1	8	7	4	5	2	6
8	7	2	6	1	5	9	3	4

243.

5	7	1	6	2	9	3	8	4
9	3	8	5	4	7	1	2	6
6	2	4	1	3	8	5	7	9
4	1	9	8	7	3	2	6	5
2	8	5	9	6	4	7	1	3
3	6	7	2	5	1	9	4	8
7	4	6	3	9	2	8	5	1
8	9	2	4	1	5	6	3	7
1	5	3	7	8	6	4	9	2

244.

8	5	6	4	3	1	9	2	7
3	2	4	9	5	7	6	1	8
1	9	7	2	6	8	5	4	3
2	7	8	6	4	9	3	5	1
6	4	1	5	8	3	2	7	9
5	3	9	1	7	2	8	6	4
4	8	2	7	9	6	1	3	5
9	1	5	3	2	4	7	8	6
7	6	3	8	1	5	4	9	2

245.

6	2	5	9	4	3	8	7	1
4	8	1	5	7	2	9	6	3
9	3	7	6	8	1	4	5	2
3	1	6	7	9	4	5	2	8
7	4	8	2	5	6	1	3	9
5	9	2	3	1	8	7	4	6
8	7	3	1	6	5	2	9	4
2	5	4	8	3	9	6	1	7
1	6	9	4	2	7	3	8	5

246.

2	9	7	5	6	3	8	1	4
3	5	6	8	1	4	9	2	7
8	4	1	2	9	7	6	3	5
7	6	5	3	4	1	2	9	8
9	3	8	7	2	5	1	4	6
4	1	2	6	8	9	7	5	3
6	2	4	1	5	8	3	7	9
5	8	3	9	7	2	4	6	1
1	7	9	4	3	6	5	8	2

247.

5	7	1	6	3	9	2	8	4
6	8	9	4	2	7	1	5	3
2	3	4	1	5	8	6	7	9
7	5	3	2	8	4	9	6	1
1	4	8	5	9	6	7	3	2
9	6	2	3	7	1	5	4	8
8	9	5	7	1	3	4	2	6
4	1	7	8	6	2	3	9	5
3	2	6	9	4	5	8	1	7

248.

7	8	5	6	9	3	4	1	2
2	1	9	4	8	5	3	7	6
3	6	4	7	1	2	8	9	5
6	2	1	3	5	8	9	4	7
4	9	3	2	7	1	6	5	8
5	7	8	9	6	4	2	3	1
1	3	2	5	4	6	7	8	9
8	4	7	1	2	9	5	6	3
9	5	6	8	3	7	1	2	4

249.

9	1	5	3	7	2	8	4	6
8	6	4	9	1	5	7	2	3
2	7	3	6	8	4	9	1	5
3	2	6	5	9	7	1	8	4
1	8	7	2	4	3	5	6	9
5	4	9	8	6	1	2	3	7
4	9	1	7	2	6	3	5	8
6	5	8	1	3	9	4	7	2
7	3	2	4	5	8	6	9	1

250.

4	6	8	7	9	1	5	3	2
5	3	9	6	4	2	1	8	7
1	2	7	8	3	5	9	4	6
2	1	6	4	5	8	3	7	9
9	5	4	2	7	3	8	6	1
8	7	3	1	6	9	2	5	4
6	9	2	3	8	7	4	1	5
7	8	1	5	2	4	6	9	3
3	4	5	9	1	6	7	2	8

251.

5	4	1	9	3	7	2	6	8
6	3	8	4	1	2	9	7	5
7	9	2	8	6	5	3	4	1
8	1	5	2	9	4	7	3	6
3	2	6	1	7	8	4	5	9
4	7	9	3	5	6	8	1	2
2	5	3	6	4	9	1	8	7
9	6	4	7	8	1	5	2	3
1	8	7	5	2	3	6	9	4

252.

5	3	1	2	4	7	9	8	6
7	8	6	3	9	5	2	1	4
9	2	4	1	6	8	3	5	7
3	6	5	8	7	2	4	9	1
4	7	2	9	3	1	8	6	5
8	1	9	6	5	4	7	2	3
1	5	3	7	2	9	6	4	8
2	4	7	5	8	6	1	3	9
6	9	8	4	1	3	5	7	2

253.

6	4	9	5	2	8	1	7	3
5	3	7	1	9	4	2	6	8
8	2	1	6	3	7	4	9	5
1	7	5	2	4	9	8	3	6
4	6	3	7	8	5	9	1	2
9	8	2	3	6	1	5	4	7
3	9	6	8	1	2	7	5	4
2	5	4	9	7	6	3	8	1
7	1	8	4	5	3	6	2	9

254.

1	6	4	3	8	2	5	9	7
5	8	2	1	9	7	4	6	3
7	3	9	4	5	6	1	8	2
4	2	3	8	1	9	7	5	6
9	1	5	6	7	4	2	3	8
8	7	6	5	2	3	9	1	4
2	5	7	9	3	8	6	4	1
6	9	8	2	4	1	3	7	5
3	4	1	7	6	5	8	2	9

255.

4	6	9	3	1	8	7	2	5
5	7	1	6	2	9	8	3	4
3	2	8	7	4	5	1	9	6
2	5	7	1	3	6	9	4	8
8	3	6	4	9	7	5	1	2
9	1	4	5	8	2	3	6	7
1	8	2	9	7	4	6	5	3
6	4	3	8	5	1	2	7	9
7	9	5	2	6	3	4	8	1

256.

6	7	4	2	3	8	9	1	5
3	5	8	9	6	1	7	2	4
1	2	9	7	4	5	8	6	3
7	4	1	8	5	6	2	3	9
9	6	5	3	2	7	4	8	1
2	8	3	1	9	4	5	7	6
5	3	7	4	1	2	6	9	8
4	1	2	6	8	9	3	5	7
8	9	6	5	7	3	1	4	2

257.

3	8	7	2	1	4	9	6	5
2	6	5	9	3	8	4	7	1
1	9	4	6	5	7	2	8	3
8	7	9	4	2	3	5	1	6
5	3	1	7	9	6	8	4	2
4	2	6	1	8	5	3	9	7
6	4	2	3	7	9	1	5	8
7	1	8	5	4	2	6	3	9
9	5	3	8	6	1	7	2	4

258.

1	5	7	8	9	2	4	3	6
3	2	4	6	7	1	8	9	5
8	6	9	3	5	4	7	1	2
4	7	6	2	1	3	5	8	9
9	3	2	5	8	7	6	4	1
5	8	1	9	4	6	2	7	3
7	1	5	4	2	9	3	6	8
2	4	3	1	6	8	9	5	7
6	9	8	7	3	5	1	2	4

259.

5	2	3	6	7	8	4	9	1
9	6	7	2	4	1	3	8	5
8	4	1	9	5	3	2	6	7
6	7	4	1	9	5	8	3	2
2	8	9	7	3	4	5	1	6
1	3	5	8	6	2	9	7	4
4	9	8	5	1	7	6	2	3
7	5	6	3	2	9	1	4	8
3	1	2	4	8	6	7	5	9

260.

4	7	5	6	8	9	2	1	3
2	8	6	1	5	3	9	7	4
9	1	3	2	7	4	8	5	6
1	6	9	8	4	5	7	3	2
8	3	4	7	2	1	6	9	5
7	5	2	9	3	6	4	8	1
6	2	1	5	9	7	3	4	8
5	4	7	3	6	8	1	2	9
3	9	8	4	1	2	5	6	7

261.

6	7	5	2	3	9	1	8	4
2	3	9	8	4	1	7	6	5
4	8	1	7	6	5	3	2	9
1	6	4	9	7	2	5	3	8
3	9	7	6	5	8	2	4	1
5	2	8	4	1	3	9	7	6
8	4	2	1	9	7	6	5	3
9	5	6	3	2	4	8	1	7
7	1	3	5	8	6	4	9	2

262.

7	6	3	9	1	5	8	4	2
2	9	8	3	4	6	1	5	7
1	5	4	8	7	2	9	6	3
9	1	6	2	5	8	3	7	4
3	8	7	1	6	4	2	9	5
4	2	5	7	3	9	6	1	8
5	3	2	4	9	1	7	8	6
8	4	1	6	2	7	5	3	9
6	7	9	5	8	3	4	2	1

263.

1	4	5	9	6	7	3	8	2
3	7	8	2	5	1	9	6	4
2	9	6	8	3	4	1	7	5
9	5	4	1	8	3	6	2	7
7	6	2	4	9	5	8	3	1
8	1	3	6	7	2	5	4	9
6	3	7	5	2	9	4	1	8
4	2	9	3	1	8	7	5	6
5	8	1	7	4	6	2	9	3

264.

3	4	8	7	9	2	5	1	6
5	6	7	4	1	3	8	9	2
2	1	9	8	6	5	7	3	4
9	3	5	6	7	1	4	2	8
4	8	1	5	2	9	3	6	7
7	2	6	3	8	4	1	5	9
6	5	4	9	3	7	2	8	1
8	7	2	1	5	6	9	4	3
1	9	3	2	4	8	6	7	5

265.

1	2	7	8	9	4	3	5	6
3	4	6	7	2	5	8	1	9
8	5	9	1	3	6	7	4	2
4	1	2	3	5	9	6	8	7
6	7	5	2	8	1	4	9	3
9	3	8	6	4	7	5	2	1
7	9	1	5	6	8	2	3	4
5	6	3	4	1	2	9	7	8
2	8	4	9	7	3	1	6	5

266.

4	1	3	6	8	9	7	5	2
6	2	9	5	7	1	8	3	4
5	7	8	2	3	4	6	1	9
9	4	7	3	5	8	2	6	1
8	6	1	7	4	2	5	9	3
2	3	5	9	1	6	4	7	8
3	8	6	4	9	5	1	2	7
7	5	4	1	2	3	9	8	6
1	9	2	8	6	7	3	4	5

267.

1	7	8	4	3	9	5	6	2
5	2	4	8	1	6	9	7	3
6	3	9	7	2	5	4	1	8
4	8	7	6	5	1	2	3	9
9	1	3	2	7	4	6	8	5
2	5	6	3	9	8	1	4	7
3	4	1	9	8	2	7	5	6
8	6	2	5	4	7	3	9	1
7	9	5	1	6	3	8	2	4

268.

3	1	2	8	9	5	6	4	7
7	4	6	1	3	2	8	5	9
8	5	9	6	4	7	1	2	3
4	8	1	9	5	3	2	7	6
6	3	5	2	7	1	4	9	8
9	2	7	4	6	8	3	1	5
1	9	3	5	8	4	7	6	2
2	6	8	7	1	9	5	3	4
5	7	4	3	2	6	9	8	1

269.

7	6	8	3	4	9	5	1	2
3	5	4	8	1	2	6	9	7
1	9	2	7	5	6	3	8	4
8	4	5	6	7	3	1	2	9
9	3	7	5	2	1	4	6	8
2	1	6	9	8	4	7	3	5
6	7	9	2	3	5	8	4	1
5	2	1	4	6	8	9	7	3
4	8	3	1	9	7	2	5	6

270.

9	6	4	5	8	2	3	7	1
2	5	7	3	1	9	4	8	6
8	1	3	7	6	4	9	5	2
6	8	2	1	9	7	5	3	4
5	3	1	4	2	8	6	9	7
7	4	9	6	3	5	2	1	8
4	2	5	8	7	3	1	6	9
3	7	6	9	4	1	8	2	5
1	9	8	2	5	6	7	4	3

271.

8	6	1	3	4	2	7	9	5
3	7	4	6	9	5	2	8	1
5	2	9	8	1	7	6	4	3
4	3	8	5	6	9	1	7	2
9	1	7	2	3	4	5	6	8
2	5	6	7	8	1	4	3	9
6	9	5	4	2	8	3	1	7
1	4	2	9	7	3	8	5	6
7	8	3	1	5	6	9	2	4

272.

7	2	9	6	4	3	8	1	5
4	5	8	7	9	1	6	3	2
6	3	1	5	8	2	7	4	9
2	8	5	9	1	6	4	7	3
3	7	6	4	2	5	1	9	8
9	1	4	8	3	7	5	2	6
5	9	7	2	6	4	3	8	1
8	4	3	1	5	9	2	6	7
1	6	2	3	7	8	9	5	4

273.

7	4	1	6	3	5	2	9	8
5	9	6	8	4	2	7	1	3
8	3	2	9	1	7	5	6	4
6	8	4	2	5	3	9	7	1
3	7	5	4	9	1	6	8	2
1	2	9	7	8	6	4	3	5
2	6	8	3	7	4	1	5	9
4	5	3	1	6	9	8	2	7
9	1	7	5	2	8	3	4	6

274.

6	5	2	1	8	9	7	3	4
3	8	9	4	2	7	1	6	5
4	1	7	6	5	3	2	8	9
8	9	3	2	6	4	5	7	1
2	7	5	3	9	1	8	4	6
1	4	6	8	7	5	3	9	2
7	2	8	9	1	6	4	5	3
9	3	1	5	4	8	6	2	7
5	6	4	7	3	2	9	1	8

275.

7	9	4	1	2	6	3	8	5
5	1	8	3	4	9	7	6	2
3	6	2	8	5	7	4	9	1
1	7	5	6	8	4	2	3	9
4	2	6	9	3	1	5	7	8
8	3	9	5	7	2	1	4	6
2	8	7	4	6	5	9	1	3
9	5	3	7	1	8	6	2	4
6	4	1	2	9	3	8	5	7

276.

9	1	6	3	4	2	5	7	8
2	8	3	7	9	5	1	6	4
7	4	5	6	1	8	3	2	9
3	2	8	9	6	7	4	5	1
4	5	7	2	8	1	6	9	3
1	6	9	4	5	3	7	8	2
8	7	1	5	2	4	9	3	6
5	9	2	1	3	6	8	4	7
6	3	4	8	7	9	2	1	5

277.

1	9	4	5	6	8	3	7	2
8	3	5	2	7	4	1	9	6
2	6	7	9	3	1	5	8	4
3	2	1	8	9	6	4	5	7
9	7	6	1	4	5	8	2	3
5	4	8	3	2	7	6	1	9
4	5	2	6	8	9	7	3	1
6	1	3	7	5	2	9	4	8
7	8	9	4	1	3	2	6	5

278.

1	3	5	8	9	7	4	2	6
4	7	6	3	1	2	5	9	8
2	8	9	4	6	5	3	1	7
7	4	1	6	8	3	9	5	2
3	6	8	2	5	9	1	7	4
9	5	2	1	7	4	8	6	3
8	9	7	5	3	6	2	4	1
6	2	3	9	4	1	7	8	5
5	1	4	7	2	8	6	3	9

279.

1	6	8	9	5	7	2	4	3
7	4	9	6	2	3	8	1	5
3	2	5	4	8	1	7	9	6
8	9	2	3	1	6	4	5	7
6	7	3	5	9	4	1	2	8
5	1	4	2	7	8	3	6	9
9	5	1	8	3	2	6	7	4
2	8	6	7	4	5	9	3	1
4	3	7	1	6	9	5	8	2

280.

7	5	4	1	3	2	9	8	6
1	2	3	8	6	9	7	5	4
6	8	9	5	7	4	1	2	3
3	1	5	2	9	8	4	6	7
2	7	8	4	1	6	5	3	9
4	9	6	3	5	7	8	1	2
9	3	1	7	2	5	6	4	8
5	4	7	6	8	3	2	9	1
8	6	2	9	4	1	3	7	5

281.

8	2	5	7	4	3	9	1	6
7	6	9	1	8	2	4	3	5
3	1	4	6	5	9	2	7	8
9	4	6	3	2	8	1	5	7
5	8	2	9	1	7	3	6	4
1	7	3	5	6	4	8	2	9
4	5	7	8	3	1	6	9	2
2	9	1	4	7	6	5	8	3
6	3	8	2	9	5	7	4	1

282.

8	5	4	7	9	6	3	1	2
7	9	2	3	1	5	4	6	8
6	1	3	2	8	4	9	5	7
5	2	1	9	3	8	7	4	6
4	7	6	1	5	2	8	9	3
9	3	8	6	4	7	1	2	5
2	4	5	8	7	9	6	3	1
3	8	9	5	6	1	2	7	4
1	6	7	4	2	3	5	8	9

283.

1	3	4	8	2	7	6	5	9
9	6	8	4	3	5	2	1	7
5	7	2	1	9	6	4	8	3
7	1	3	9	8	2	5	6	4
8	4	9	6	5	3	7	2	1
2	5	6	7	4	1	9	3	8
3	9	1	5	6	4	8	7	2
6	8	7	2	1	9	3	4	5
4	2	5	3	7	8	1	9	6

284.

1	6	4	7	5	2	8	3	9
8	5	3	1	6	9	2	4	7
7	2	9	8	4	3	6	5	1
3	7	1	6	2	5	4	9	8
9	8	2	4	7	1	5	6	3
6	4	5	9	3	8	7	1	2
5	9	8	2	1	6	3	7	4
2	3	7	5	9	4	1	8	6
4	1	6	3	8	7	9	2	5

285.

5	3	9	6	4	2	1	8	7
4	1	8	9	7	3	2	5	6
2	7	6	1	8	5	3	4	9
7	5	1	2	6	4	8	9	3
6	8	3	7	1	9	4	2	5
9	2	4	3	5	8	6	7	1
8	6	7	5	2	1	9	3	4
3	4	5	8	9	6	7	1	2
1	9	2	4	3	7	5	6	8

286.

4	3	6	7	1	9	2	5	8
9	2	8	5	6	3	4	7	1
1	7	5	4	2	8	6	3	9
3	6	4	1	9	5	7	8	2
2	8	9	6	7	4	3	1	5
7	5	1	3	8	2	9	4	6
6	4	3	9	5	1	8	2	7
5	9	2	8	4	7	1	6	3
8	1	7	2	3	6	5	9	4

287.

2	1	3	9	6	5	8	7	4
4	6	8	7	3	1	2	9	5
7	9	5	8	2	4	3	6	1
3	4	2	6	1	7	9	5	8
9	7	6	3	5	8	1	4	2
8	5	1	2	4	9	7	3	6
6	8	4	1	7	3	5	2	9
5	3	9	4	8	2	6	1	7
1	2	7	5	9	6	4	8	3

288.

9	6	8	2	7	1	4	5	3
3	1	2	5	4	9	8	7	6
7	4	5	8	6	3	2	9	1
2	9	4	7	1	6	5	3	8
1	8	3	4	5	2	7	6	9
5	7	6	9	3	8	1	4	2
6	5	9	1	2	7	3	8	4
4	3	1	6	8	5	9	2	7
8	2	7	3	9	4	6	1	5

289.

8	9	4	6	3	5	1	2	7
7	5	6	1	2	9	8	4	3
3	1	2	7	8	4	9	6	5
4	7	8	5	9	1	2	3	6
5	6	9	3	7	2	4	8	1
1	2	3	8	4	6	7	5	9
6	8	1	2	5	7	3	9	4
2	4	5	9	1	3	6	7	8
9	3	7	4	6	8	5	1	2

290.

5	8	6	1	4	7	2	9	3
1	4	2	8	9	3	6	7	5
9	7	3	5	2	6	8	1	4
8	5	9	2	7	1	4	3	6
6	2	7	3	5	4	1	8	9
4	3	1	6	8	9	7	5	2
7	6	4	9	3	8	5	2	1
3	1	5	7	6	2	9	4	8
2	9	8	4	1	5	3	6	7

291.

6	3	2	5	7	9	1	4	8
9	8	4	2	1	6	3	7	5
5	1	7	3	4	8	2	9	6
2	6	1	7	3	5	9	8	4
8	7	5	1	9	4	6	3	2
4	9	3	8	6	2	5	1	7
3	2	8	4	5	1	7	6	9
7	5	6	9	8	3	4	2	1
1	4	9	6	2	7	8	5	3

292.

9	5	8	6	1	4	3	7	2
4	3	2	8	7	9	5	6	1
1	7	6	3	2	5	8	4	9
3	6	1	5	4	8	9	2	7
5	2	9	1	3	7	4	8	6
7	8	4	9	6	2	1	3	5
6	9	3	2	8	1	7	5	4
2	1	7	4	5	3	6	9	8
8	4	5	7	9	6	2	1	3

293.

3	4	7	2	6	9	5	8	1
8	1	5	4	7	3	2	6	9
6	2	9	1	5	8	4	3	7
1	5	3	7	9	4	8	2	6
7	8	4	6	2	5	9	1	3
2	9	6	3	8	1	7	4	5
9	3	1	5	4	2	6	7	8
5	7	2	8	1	6	3	9	4
4	6	8	9	3	7	1	5	2

294.

3	1	5	7	6	8	9	2	4
7	4	9	2	3	5	8	1	6
8	6	2	1	4	9	7	3	5
4	8	7	5	2	3	6	9	1
5	2	1	6	9	7	4	8	3
6	9	3	4	8	1	2	5	7
9	5	4	3	7	2	1	6	8
2	3	6	8	1	4	5	7	9
1	7	8	9	5	6	3	4	2

295.

4	6	7	2	9	3	5	8	1
2	9	8	1	5	6	3	7	4
3	1	5	4	7	8	6	2	9
6	7	9	3	1	5	8	4	2
1	2	4	6	8	7	9	3	5
8	5	3	9	4	2	1	6	7
7	8	2	5	6	1	4	9	3
9	3	1	8	2	4	7	5	6
5	4	6	7	3	9	2	1	8

296.

4	5	7	2	3	6	9	8	1
3	9	1	4	8	7	5	6	2
2	6	8	1	5	9	3	7	4
9	3	4	7	1	2	8	5	6
6	8	5	3	9	4	1	2	7
1	7	2	8	6	5	4	9	3
8	4	6	5	2	3	7	1	9
7	1	9	6	4	8	2	3	5
5	2	3	9	7	1	6	4	8

297.

3	4	9	7	6	8	1	5	2
8	7	5	1	2	3	9	6	4
2	6	1	5	4	9	3	8	7
7	5	4	6	3	1	2	9	8
1	9	3	2	8	5	7	4	6
6	8	2	4	9	7	5	3	1
9	2	6	3	1	4	8	7	5
5	1	8	9	7	6	4	2	3
4	3	7	8	5	2	6	1	9

298.

3	6	2	4	8	1	9	7	5
9	7	5	2	3	6	1	8	4
4	1	8	9	5	7	3	6	2
2	4	1	8	6	9	7	5	3
8	5	7	1	2	3	6	4	9
6	9	3	7	4	5	2	1	8
7	3	4	5	1	2	8	9	6
5	2	9	6	7	8	4	3	1
1	8	6	3	9	4	5	2	7

299.

8	6	1	2	3	7	5	9	4
2	7	3	5	9	4	8	1	6
9	5	4	8	6	1	2	7	3
4	3	8	1	5	9	7	6	2
7	9	6	4	2	3	1	5	8
5	1	2	7	8	6	3	4	9
3	4	5	9	7	8	6	2	1
6	2	9	3	1	5	4	8	7
1	8	7	6	4	2	9	3	5

300.

1	9	3	4	5	2	7	6	8
8	2	7	3	6	9	1	4	5
6	4	5	1	7	8	3	2	9
7	6	9	2	8	4	5	1	3
3	5	1	7	9	6	4	8	2
4	8	2	5	3	1	9	7	6
2	7	6	9	1	5	8	3	4
5	1	8	6	4	3	2	9	7
9	3	4	8	2	7	6	5	1

301.

8	6	1	5	4	2	9	7	3
2	9	5	3	7	8	4	1	6
3	7	4	9	6	1	8	2	5
9	3	6	7	5	4	1	8	2
4	5	2	8	1	9	3	6	7
1	8	7	6	2	3	5	4	9
7	1	3	4	9	6	2	5	8
5	4	9	2	8	7	6	3	1
6	2	8	1	3	5	7	9	4

302.

7	4	6	9	1	3	8	2	5
8	2	5	7	6	4	3	9	1
3	9	1	2	8	5	7	6	4
1	6	3	8	9	2	5	4	7
2	7	9	5	4	1	6	3	8
4	5	8	6	3	7	9	1	2
6	8	7	4	2	9	1	5	3
9	3	2	1	5	8	4	7	6
5	1	4	3	7	6	2	8	9

303.

8	7	4	3	1	6	5	2	9
1	3	6	5	2	9	7	4	8
9	5	2	4	8	7	3	1	6
2	8	9	1	7	4	6	3	5
7	6	5	2	3	8	1	9	4
4	1	3	9	6	5	8	7	2
3	2	8	6	9	1	4	5	7
5	9	7	8	4	3	2	6	1
6	4	1	7	5	2	9	8	3

304.

4	6	8	2	3	5	9	1	7
1	2	3	9	7	6	4	8	5
7	5	9	8	1	4	3	2	6
5	1	7	4	2	3	6	9	8
6	3	2	7	8	9	1	5	4
8	9	4	5	6	1	7	3	2
9	8	6	3	5	7	2	4	1
2	4	1	6	9	8	5	7	3
3	7	5	1	4	2	8	6	9

305.

8	1	9	5	6	4	7	3	2
6	5	4	7	3	2	1	9	8
7	2	3	9	1	8	5	6	4
4	9	6	8	5	7	3	2	1
1	3	2	6	4	9	8	5	7
5	8	7	3	2	1	9	4	6
9	4	8	2	7	3	6	1	5
3	6	1	4	8	5	2	7	9
2	7	5	1	9	6	4	8	3

306.

8	1	9	6	2	4	5	7	3
5	7	6	9	3	8	2	4	1
4	2	3	5	1	7	9	6	8
2	4	8	3	9	5	6	1	7
1	6	7	4	8	2	3	5	9
3	9	5	7	6	1	8	2	4
9	5	2	1	7	3	4	8	6
6	8	1	2	4	9	7	3	5
7	3	4	8	5	6	1	9	2

307.

2	9	4	6	5	1	7	8	3
5	7	8	4	2	3	6	1	9
1	6	3	9	7	8	2	4	5
4	8	5	7	1	9	3	6	2
9	2	7	8	3	6	1	5	4
3	1	6	2	4	5	8	9	7
6	3	2	1	9	4	5	7	8
7	4	1	5	8	2	9	3	6
8	5	9	3	6	7	4	2	1

308.

9	5	3	4	6	8	2	7	1
2	7	8	3	9	1	6	4	5
4	6	1	7	5	2	8	3	9
8	4	5	1	7	9	3	2	6
1	9	7	2	3	6	4	5	8
3	2	6	8	4	5	1	9	7
7	1	2	5	8	3	9	6	4
5	8	9	6	2	4	7	1	3
6	3	4	9	1	7	5	8	2

309.

8	4	7	3	9	6	5	1	2
3	6	5	1	2	8	9	4	7
2	9	1	5	7	4	8	6	3
9	3	8	7	4	2	6	5	1
4	7	6	9	5	1	3	2	8
5	1	2	6	8	3	4	7	9
1	2	4	8	3	5	7	9	6
7	5	3	2	6	9	1	8	4
6	8	9	4	1	7	2	3	5

310.

5	4	7	1	9	3	8	2	6
8	6	9	5	2	7	4	1	3
3	1	2	8	4	6	7	9	5
2	5	6	3	8	1	9	7	4
1	3	4	7	6	9	5	8	2
9	7	8	4	5	2	6	3	1
7	9	5	2	3	4	1	6	8
6	8	3	9	1	5	2	4	7
4	2	1	6	7	8	3	5	9

311.

6	5	7	1	9	2	4	8	3
9	2	1	8	3	4	7	5	6
4	3	8	7	5	6	9	2	1
1	4	3	9	7	5	2	6	8
8	6	9	4	2	3	5	1	7
2	7	5	6	8	1	3	9	4
3	9	4	2	6	8	1	7	5
7	1	6	5	4	9	8	3	2
5	8	2	3	1	7	6	4	9

312.

1	8	2	3	7	4	6	9	5
3	4	6	2	9	5	1	8	7
5	9	7	1	6	8	2	4	3
6	5	8	9	3	1	4	7	2
4	3	1	8	2	7	5	6	9
2	7	9	4	5	6	3	1	8
7	1	3	5	4	9	8	2	6
8	6	5	7	1	2	9	3	4
9	2	4	6	8	3	7	5	1

313.

9	8	3	5	2	1	6	4	7
6	5	1	4	8	7	3	9	2
2	4	7	9	3	6	5	1	8
8	9	5	3	1	2	4	7	6
1	3	4	7	6	9	8	2	5
7	2	6	8	5	4	1	3	9
3	6	9	1	7	5	2	8	4
5	7	8	2	4	3	9	6	1
4	1	2	6	9	8	7	5	3

314.

3	2	6	1	5	8	4	7	9
5	9	1	4	7	2	8	3	6
4	7	8	9	6	3	2	5	1
9	6	7	2	8	1	5	4	3
1	3	4	7	9	5	6	8	2
2	8	5	3	4	6	9	1	7
7	1	9	8	2	4	3	6	5
8	5	3	6	1	9	7	2	4
6	4	2	5	3	7	1	9	8

315.

4	8	2	9	5	6	3	1	7
9	3	6	8	1	7	2	4	5
7	1	5	3	4	2	9	8	6
5	2	1	6	9	8	7	3	4
3	9	7	5	2	4	1	6	8
6	4	8	7	3	1	5	2	9
8	7	3	1	6	5	4	9	2
1	5	4	2	8	9	6	7	3
2	6	9	4	7	3	8	5	1

316.

7	6	5	2	8	1	4	9	3
1	2	9	3	4	5	7	8	6
4	8	3	7	9	6	5	2	1
8	1	2	9	5	3	6	4	7
5	9	4	1	6	7	8	3	2
3	7	6	8	2	4	9	1	5
6	5	8	4	1	2	3	7	9
9	3	1	6	7	8	2	5	4
2	4	7	5	3	9	1	6	8

317.

1	9	5	4	7	2	3	6	8
2	6	4	3	8	9	5	7	1
3	8	7	6	1	5	4	9	2
9	3	2	8	6	1	7	5	4
5	4	1	7	9	3	8	2	6
6	7	8	5	2	4	1	3	9
7	2	3	1	4	6	9	8	5
8	1	6	9	5	7	2	4	3
4	5	9	2	3	8	6	1	7

318.

6	5	4	8	2	1	7	9	3
9	7	2	3	5	6	1	8	4
3	8	1	4	7	9	5	6	2
5	9	6	1	3	4	2	7	8
1	2	8	7	6	5	4	3	9
4	3	7	9	8	2	6	1	5
8	6	5	2	1	3	9	4	7
7	1	9	5	4	8	3	2	6
2	4	3	6	9	7	8	5	1

319.

6	2	1	5	7	3	8	4	9
9	7	8	1	4	2	3	6	5
4	3	5	8	6	9	1	2	7
2	1	7	4	9	8	5	3	6
8	5	6	3	1	7	4	9	2
3	4	9	2	5	6	7	1	8
5	6	2	7	3	4	9	8	1
7	8	4	9	2	1	6	5	3
1	9	3	6	8	5	2	7	4

320.

2	8	7	9	3	1	4	6	5
9	4	5	2	6	8	1	3	7
6	1	3	4	5	7	2	9	8
1	9	2	7	8	6	5	4	3
7	3	6	5	2	4	8	1	9
4	5	8	3	1	9	6	7	2
8	2	4	6	7	3	9	5	1
3	6	1	8	9	5	7	2	4
5	7	9	1	4	2	3	8	6

321.

8	3	6	7	9	2	1	4	5
5	9	2	6	4	1	7	3	8
7	1	4	3	5	8	9	2	6
1	2	9	5	8	4	3	6	7
6	8	7	9	2	3	4	5	1
3	4	5	1	7	6	2	8	9
9	7	8	4	3	5	6	1	2
2	6	3	8	1	7	5	9	4
4	5	1	2	6	9	8	7	3

322.

8	9	6	4	5	1	2	7	3
5	2	1	7	9	3	6	8	4
7	4	3	8	6	2	9	5	1
3	1	2	9	7	6	8	4	5
6	5	7	2	8	4	1	3	9
4	8	9	1	3	5	7	2	6
2	6	8	5	4	9	3	1	7
1	3	5	6	2	7	4	9	8
9	7	4	3	1	8	5	6	2

323.

8	4	5	1	9	7	2	3	6
9	1	7	3	2	6	5	8	4
3	6	2	4	8	5	1	7	9
1	7	4	6	5	8	3	9	2
6	3	9	7	1	2	4	5	8
2	5	8	9	3	4	6	1	7
7	8	1	2	4	3	9	6	5
4	9	6	5	7	1	8	2	3
5	2	3	8	6	9	7	4	1

324.

7	2	9	4	5	1	3	8	6
4	5	1	8	6	3	2	9	7
8	3	6	2	9	7	4	5	1
6	9	4	5	3	8	7	1	2
2	1	7	6	4	9	5	3	8
3	8	5	1	7	2	9	6	4
9	7	8	3	1	4	6	2	5
5	4	2	9	8	6	1	7	3
1	6	3	7	2	5	8	4	9

325.

4	9	8	6	1	2	7	3	5
6	2	5	9	7	3	4	1	8
1	3	7	4	5	8	9	2	6
5	1	4	7	6	9	2	8	3
2	6	3	1	8	4	5	9	7
8	7	9	3	2	5	6	4	1
7	4	2	5	3	1	8	6	9
9	5	1	8	4	6	3	7	2
3	8	6	2	9	7	1	5	4

326.

5	3	6	9	1	4	8	2	7
9	2	4	7	6	8	5	3	1
1	7	8	5	2	3	9	6	4
4	9	2	8	7	5	6	1	3
7	1	5	3	4	6	2	9	8
8	6	3	2	9	1	4	7	5
6	5	1	4	3	9	7	8	2
3	8	7	6	5	2	1	4	9
2	4	9	1	8	7	3	5	6

327.

4	8	1	3	5	9	7	2	6
5	3	9	2	7	6	8	1	4
7	2	6	4	1	8	9	3	5
1	5	7	8	2	3	6	4	9
8	4	2	9	6	1	3	5	7
6	9	3	7	4	5	1	8	2
2	7	8	6	3	4	5	9	1
9	1	4	5	8	7	2	6	3
3	6	5	1	9	2	4	7	8

328.

1	9	5	4	2	3	8	7	6
3	7	8	6	1	5	9	4	2
2	6	4	9	7	8	1	5	3
9	2	3	1	5	7	6	8	4
7	4	1	8	6	2	3	9	5
5	8	6	3	4	9	2	1	7
4	3	2	7	9	1	5	6	8
6	5	9	2	8	4	7	3	1
8	1	7	5	3	6	4	2	9

329.

2	8	1	6	9	3	7	4	5
9	5	7	4	8	2	6	3	1
4	6	3	7	5	1	9	2	8
6	9	4	8	3	5	2	1	7
1	3	8	9	2	7	5	6	4
5	7	2	1	6	4	8	9	3
3	4	6	5	7	9	1	8	2
7	2	9	3	1	8	4	5	6
8	1	5	2	4	6	3	7	9

330.

9	1	7	6	2	4	5	3	8
3	2	8	7	9	5	4	1	6
5	4	6	8	1	3	2	7	9
2	5	9	3	4	1	8	6	7
1	8	4	2	6	7	3	9	5
6	7	3	9	5	8	1	4	2
4	9	2	1	8	6	7	5	3
7	6	5	4	3	2	9	8	1
8	3	1	5	7	9	6	2	4

331.

8	7	1	5	4	9	3	2	6
4	6	5	3	8	2	1	7	9
9	2	3	7	1	6	8	4	5
1	3	6	2	7	5	4	9	8
5	8	9	1	6	4	2	3	7
7	4	2	9	3	8	6	5	1
2	9	4	8	5	1	7	6	3
6	1	7	4	9	3	5	8	2
3	5	8	6	2	7	9	1	4

332.

2	7	1	6	3	8	5	9	4
5	3	4	7	2	9	1	6	8
9	8	6	4	5	1	7	2	3
8	9	5	2	6	3	4	7	1
4	1	3	5	9	7	6	8	2
7	6	2	8	1	4	3	5	9
6	4	9	3	8	5	2	1	7
3	5	8	1	7	2	9	4	6
1	2	7	9	4	6	8	3	5

333.

7	1	2	3	4	6	8	5	9
3	5	9	7	2	8	6	1	4
4	8	6	9	5	1	2	7	3
6	7	4	2	8	9	1	3	5
1	2	3	5	7	4	9	8	6
5	9	8	6	1	3	4	2	7
8	6	7	1	9	5	3	4	2
9	4	5	8	3	2	7	6	1
2	3	1	4	6	7	5	9	8

334.

1	3	7	4	2	5	9	8	6
4	9	5	6	1	8	7	2	3
6	2	8	3	9	7	1	5	4
2	5	1	8	7	3	6	4	9
7	8	4	9	6	2	3	1	5
3	6	9	5	4	1	2	7	8
8	7	6	2	5	9	4	3	1
5	4	2	1	3	6	8	9	7
9	1	3	7	8	4	5	6	2

335.

9	5	7	4	8	1	3	2	6
6	2	3	5	7	9	4	1	8
8	4	1	3	6	2	5	7	9
5	3	6	2	9	7	8	4	1
1	7	8	6	4	3	2	9	5
4	9	2	8	1	5	7	6	3
2	8	4	1	3	6	9	5	7
7	1	5	9	2	8	6	3	4
3	6	9	7	5	4	1	8	2

336.

6	9	2	3	4	5	8	1	7
8	4	3	9	1	7	6	2	5
5	1	7	6	2	8	9	4	3
2	3	8	1	9	6	5	7	4
1	7	6	5	8	4	3	9	2
4	5	9	7	3	2	1	8	6
3	2	4	8	5	9	7	6	1
9	6	5	4	7	1	2	3	8
7	8	1	2	6	3	4	5	9

337.

2	6	3	5	7	4	8	9	1
4	8	9	3	1	6	5	2	7
7	5	1	8	2	9	6	3	4
6	3	8	4	9	5	1	7	2
5	2	4	7	6	1	9	8	3
1	9	7	2	8	3	4	5	6
9	7	2	1	4	8	3	6	5
3	1	6	9	5	7	2	4	8
8	4	5	6	3	2	7	1	9

338.

5	4	2	1	6	8	3	9	7
6	3	9	5	7	4	2	1	8
1	8	7	3	9	2	6	5	4
4	9	1	8	2	6	5	7	3
7	2	3	9	5	1	8	4	6
8	6	5	7	4	3	9	2	1
9	7	6	4	3	5	1	8	2
2	5	8	6	1	7	4	3	9
3	1	4	2	8	9	7	6	5

339.

5	4	6	1	3	7	8	9	2
2	8	7	6	9	5	4	1	3
3	1	9	4	8	2	6	5	7
1	6	8	7	2	4	9	3	5
4	7	5	9	6	3	1	2	8
9	2	3	5	1	8	7	6	4
8	3	1	2	4	6	5	7	9
6	5	4	3	7	9	2	8	1
7	9	2	8	5	1	3	4	6

340.

6	2	8	3	7	4	5	9	1
1	7	4	9	6	5	2	3	8
3	9	5	8	2	1	7	6	4
8	6	1	2	4	7	9	5	3
9	4	7	5	3	8	6	1	2
5	3	2	6	1	9	4	8	7
2	8	6	7	5	3	1	4	9
4	5	3	1	9	2	8	7	6
7	1	9	4	8	6	3	2	5

341.

7	3	4	5	1	8	2	9	6
1	9	5	7	6	2	8	3	4
6	8	2	9	3	4	5	1	7
3	6	9	8	2	7	4	5	1
5	2	8	1	4	9	7	6	3
4	1	7	6	5	3	9	2	8
9	5	6	4	8	1	3	7	2
2	4	1	3	7	5	6	8	9
8	7	3	2	9	6	1	4	5

342.

4	7	8	9	6	1	3	5	2
3	6	9	7	5	2	8	4	1
5	1	2	4	3	8	7	6	9
6	5	1	8	7	3	2	9	4
9	8	3	2	4	6	5	1	7
7	2	4	5	1	9	6	3	8
2	9	6	1	8	5	4	7	3
8	4	5	3	9	7	1	2	6
1	3	7	6	2	4	9	8	5

343.

6	7	8	3	5	9	2	1	4
4	5	2	8	7	1	9	6	3
1	9	3	4	2	6	5	7	8
5	6	1	9	8	7	4	3	2
8	3	9	2	6	4	7	5	1
2	4	7	5	1	3	8	9	6
7	2	5	6	3	8	1	4	9
9	8	6	1	4	5	3	2	7
3	1	4	7	9	2	6	8	5

344.

7	1	4	5	2	6	3	9	8
3	9	6	8	1	4	7	5	2
5	8	2	7	9	3	1	4	6
6	5	7	1	8	2	4	3	9
8	4	1	3	5	9	2	6	7
2	3	9	4	6	7	8	1	5
1	6	3	2	7	5	9	8	4
9	2	8	6	4	1	5	7	3
4	7	5	9	3	8	6	2	1

345.

5	1	2	4	7	6	8	3	9
4	6	8	2	3	9	7	5	1
7	9	3	1	5	8	2	6	4
2	7	5	3	8	4	1	9	6
3	8	9	5	6	1	4	2	7
1	4	6	9	2	7	3	8	5
8	5	4	7	9	3	6	1	2
9	3	7	6	1	2	5	4	8
6	2	1	8	4	5	9	7	3

346.

8	6	4	5	1	7	9	2	3
1	5	2	4	3	9	8	7	6
3	7	9	6	8	2	5	4	1
2	3	5	8	7	4	6	1	9
4	8	7	1	9	6	2	3	5
6	9	1	3	2	5	4	8	7
9	1	6	2	4	3	7	5	8
7	4	3	9	5	8	1	6	2
5	2	8	7	6	1	3	9	4

347.

2	3	7	1	5	6	8	9	4
5	6	1	4	8	9	2	7	3
4	9	8	3	7	2	1	5	6
9	8	5	7	6	1	4	3	2
1	7	3	2	4	8	5	6	9
6	4	2	5	9	3	7	8	1
3	5	4	6	2	7	9	1	8
8	2	6	9	1	5	3	4	7
7	1	9	8	3	4	6	2	5

348.

6	1	7	3	8	4	9	5	2
5	9	2	1	6	7	4	3	8
3	8	4	9	5	2	6	1	7
7	3	1	6	2	9	5	8	4
4	2	5	7	1	8	3	6	9
9	6	8	5	4	3	2	7	1
8	7	3	4	9	5	1	2	6
1	5	9	2	7	6	8	4	3
2	4	6	8	3	1	7	9	5

349.

2	5	3	9	7	1	4	8	6
7	1	9	6	4	8	5	3	2
4	8	6	3	2	5	9	7	1
3	6	2	8	1	4	7	9	5
9	4	1	7	5	3	2	6	8
5	7	8	2	9	6	3	1	4
8	2	5	1	3	7	6	4	9
6	3	4	5	8	9	1	2	7
1	9	7	4	6	2	8	5	3

350.

7	1	4	6	5	2	8	3	9
9	3	5	4	8	1	7	2	6
6	2	8	3	9	7	4	5	1
5	9	1	8	7	4	2	6	3
4	6	7	2	3	5	9	1	8
3	8	2	1	6	9	5	7	4
2	5	3	9	4	6	1	8	7
8	7	9	5	1	3	6	4	2
1	4	6	7	2	8	3	9	5

351.

3	8	5	2	1	4	7	6	9
7	4	2	6	8	9	1	5	3
9	6	1	7	3	5	4	2	8
4	3	6	1	5	8	2	9	7
1	2	8	9	7	6	5	3	4
5	7	9	4	2	3	8	1	6
8	9	3	5	4	1	6	7	2
2	5	4	3	6	7	9	8	1
6	1	7	8	9	2	3	4	5

352.

3	5	7	8	2	4	9	6	1
8	4	9	1	6	3	7	2	5
2	1	6	9	5	7	4	8	3
9	8	1	3	4	6	5	7	2
6	7	3	2	9	5	1	4	8
5	2	4	7	8	1	6	3	9
7	9	5	4	3	8	2	1	6
1	6	8	5	7	2	3	9	4
4	3	2	6	1	9	8	5	7

353.

6	5	9	4	7	3	2	1	8
7	2	4	5	8	1	3	9	6
8	1	3	9	2	6	5	4	7
1	9	5	3	6	8	7	2	4
4	7	8	2	5	9	1	6	3
2	3	6	1	4	7	8	5	9
3	8	2	6	1	4	9	7	5
9	6	1	7	3	5	4	8	2
5	4	7	8	9	2	6	3	1

354.

7	8	9	5	4	6	3	2	1
3	4	6	1	2	7	8	5	9
1	2	5	8	9	3	7	4	6
9	3	1	7	5	2	6	8	4
5	6	4	3	8	1	9	7	2
2	7	8	9	6	4	5	1	3
6	5	7	4	1	9	2	3	8
8	1	2	6	3	5	4	9	7
4	9	3	2	7	8	1	6	5

355.

7	4	5	1	3	8	6	9	2
8	6	9	2	5	7	3	4	1
2	1	3	4	6	9	5	7	8
1	8	4	9	7	5	2	6	3
9	3	6	8	2	4	1	5	7
5	2	7	3	1	6	4	8	9
3	5	8	7	4	1	9	2	6
6	9	2	5	8	3	7	1	4
4	7	1	6	9	2	8	3	5

356.

5	6	3	2	7	8	9	4	1
7	4	9	5	3	1	8	6	2
2	1	8	6	4	9	5	7	3
8	5	1	7	9	6	2	3	4
3	9	2	1	8	4	7	5	6
4	7	6	3	5	2	1	9	8
1	3	7	8	6	5	4	2	9
6	2	4	9	1	7	3	8	5
9	8	5	4	2	3	6	1	7

357.

4	7	2	1	3	9	6	8	5
1	3	6	8	5	4	2	9	7
5	8	9	7	6	2	1	4	3
3	6	5	4	2	8	7	1	9
8	1	7	6	9	3	4	5	2
2	9	4	5	7	1	3	6	8
6	2	1	3	8	5	9	7	4
7	5	3	9	4	6	8	2	1
9	4	8	2	1	7	5	3	6

358.

3	7	8	2	6	5	9	4	1
1	5	6	8	9	4	2	7	3
4	2	9	3	7	1	8	6	5
2	1	4	5	8	7	3	9	6
9	6	7	4	3	2	1	5	8
5	8	3	9	1	6	7	2	4
8	9	5	6	2	3	4	1	7
6	3	1	7	4	9	5	8	2
7	4	2	1	5	8	6	3	9

359.

1	6	2	8	4	5	3	7	9
8	7	5	1	9	3	4	6	2
3	9	4	6	2	7	1	8	5
9	8	6	3	7	1	5	2	4
5	3	7	4	8	2	6	9	1
4	2	1	9	5	6	7	3	8
2	1	8	7	3	4	9	5	6
7	4	9	5	6	8	2	1	3
6	5	3	2	1	9	8	4	7

360.

9	3	7	8	4	6	2	1	5
1	2	5	9	3	7	6	8	4
8	4	6	5	1	2	9	3	7
3	9	2	6	5	1	4	7	8
6	7	1	4	2	8	3	5	9
5	8	4	3	7	9	1	6	2
4	5	9	1	8	3	7	2	6
2	1	8	7	6	4	5	9	3
7	6	3	2	9	5	8	4	1

361.

5	7	3	4	2	6	9	8	1
8	4	1	9	3	7	6	2	5
9	6	2	5	8	1	4	7	3
4	1	8	3	6	5	2	9	7
6	5	7	1	9	2	3	4	8
2	3	9	7	4	8	5	1	6
1	2	5	6	7	9	8	3	4
7	9	4	8	5	3	1	6	2
3	8	6	2	1	4	7	5	9

362.

3	4	2	1	5	8	6	9	7
5	6	7	4	9	3	8	2	1
1	8	9	7	6	2	5	4	3
8	7	5	9	1	6	4	3	2
6	3	4	2	7	5	9	1	8
9	2	1	3	8	4	7	5	6
4	1	6	5	3	7	2	8	9
7	5	3	8	2	9	1	6	4
2	9	8	6	4	1	3	7	5

363.

1	7	9	5	3	8	4	6	2
5	4	6	9	2	7	1	8	3
8	3	2	4	1	6	9	7	5
6	9	4	2	7	1	5	3	8
3	2	1	8	9	5	6	4	7
7	5	8	6	4	3	2	1	9
2	1	7	3	6	9	8	5	4
9	6	5	7	8	4	3	2	1
4	8	3	1	5	2	7	9	6

364.

1	2	4	6	9	5	3	8	7
5	9	6	7	8	3	1	2	4
3	8	7	2	1	4	9	6	5
2	5	8	3	6	1	4	7	9
6	4	1	9	5	7	8	3	2
9	7	3	8	4	2	6	5	1
4	1	2	5	3	6	7	9	8
7	6	9	4	2	8	5	1	3
8	3	5	1	7	9	2	4	6

365.

3	8	5	1	7	6	4	9	2
4	6	9	5	8	2	1	3	7
1	7	2	4	9	3	6	8	5
9	1	7	6	4	8	5	2	3
8	2	6	3	5	7	9	1	4
5	3	4	9	2	1	8	7	6
7	4	1	8	3	5	2	6	9
6	5	3	2	1	9	7	4	8
2	9	8	7	6	4	3	5	1

366.

9	5	4	8	1	2	6	3	7
1	7	6	5	3	9	2	4	8
8	3	2	6	7	4	5	9	1
6	4	3	7	9	1	8	5	2
2	1	9	3	5	8	4	7	6
7	8	5	2	4	6	9	1	3
4	6	7	1	2	5	3	8	9
5	2	1	9	8	3	7	6	4
3	9	8	4	6	7	1	2	5

367.

5	9	4	2	6	7	1	3	8
8	2	1	5	9	3	7	6	4
6	3	7	4	1	8	5	2	9
9	8	2	1	3	6	4	5	7
4	7	6	9	2	5	8	1	3
3	1	5	8	7	4	2	9	6
1	6	3	7	4	2	9	8	5
2	4	8	6	5	9	3	7	1
7	5	9	3	8	1	6	4	2

368.

9	5	4	8	3	2	7	1	6
6	1	8	5	7	9	2	4	3
7	2	3	4	6	1	8	5	9
8	3	1	9	5	6	4	7	2
2	9	6	1	4	7	5	3	8
5	4	7	2	8	3	9	6	1
1	7	5	6	9	8	3	2	4
3	8	2	7	1	4	6	9	5
4	6	9	3	2	5	1	8	7

369.

5	7	9	2	1	4	3	6	8
1	4	2	8	3	6	5	9	7
6	8	3	7	9	5	2	4	1
3	6	7	9	4	2	1	8	5
2	1	4	6	5	8	7	3	9
9	5	8	1	7	3	6	2	4
8	9	5	3	2	7	4	1	6
4	3	6	5	8	1	9	7	2
7	2	1	4	6	9	8	5	3

370.

4	6	5	2	9	8	7	1	3
9	8	2	3	7	1	6	4	5
3	1	7	6	4	5	2	8	9
7	2	9	1	8	4	5	3	6
8	3	6	9	5	2	4	7	1
5	4	1	7	6	3	8	9	2
6	7	8	5	3	9	1	2	4
2	5	3	4	1	7	9	6	8
1	9	4	8	2	6	3	5	7

371.

2	1	8	4	5	9	3	7	6
3	7	9	2	1	6	5	8	4
5	4	6	3	7	8	2	1	9
6	5	1	7	9	4	8	2	3
8	2	7	6	3	1	4	9	5
4	9	3	5	8	2	1	6	7
9	8	5	1	4	7	6	3	2
7	3	2	8	6	5	9	4	1
1	6	4	9	2	3	7	5	8

372.

7	8	9	6	2	5	4	1	3
2	6	5	1	3	4	8	9	7
3	4	1	8	9	7	2	5	6
8	2	4	7	5	6	9	3	1
1	7	6	3	8	9	5	2	4
5	9	3	2	4	1	6	7	8
4	3	2	9	1	8	7	6	5
9	5	7	4	6	3	1	8	2
6	1	8	5	7	2	3	4	9

373.

3	9	5	2	4	1	6	7	8
6	2	4	8	5	7	9	3	1
1	7	8	9	3	6	5	4	2
4	5	2	6	7	9	8	1	3
8	1	6	3	2	4	7	5	9
9	3	7	1	8	5	4	2	6
7	6	9	5	1	2	3	8	4
2	4	3	7	6	8	1	9	5
5	8	1	4	9	3	2	6	7

374.

1	8	7	2	3	4	6	5	9
6	3	4	8	9	5	2	7	1
2	9	5	6	7	1	8	3	4
8	4	2	7	5	9	3	1	6
7	5	1	3	6	2	4	9	8
3	6	9	4	1	8	7	2	5
9	2	3	5	4	6	1	8	7
5	7	6	1	8	3	9	4	2
4	1	8	9	2	7	5	6	3

375.

1	8	7	4	5	3	2	6	9
6	3	9	1	2	7	8	4	5
2	5	4	6	8	9	1	3	7
9	7	3	8	6	5	4	1	2
4	2	6	9	7	1	5	8	3
5	1	8	3	4	2	7	9	6
3	4	5	7	9	8	6	2	1
7	6	1	2	3	4	9	5	8
8	9	2	5	1	6	3	7	4

376.

3	5	4	1	6	2	8	7	9
7	1	9	4	8	5	3	6	2
8	6	2	3	9	7	1	4	5
1	2	3	7	4	9	6	5	8
4	7	8	6	5	1	2	9	3
5	9	6	8	2	3	7	1	4
6	8	1	9	3	4	5	2	7
9	3	5	2	7	6	4	8	1
2	4	7	5	1	8	9	3	6

377.

9	7	4	3	8	6	1	5	2
3	1	2	5	7	4	8	6	9
6	8	5	1	9	2	4	3	7
7	6	8	9	1	3	5	2	4
2	4	9	7	6	5	3	8	1
1	5	3	4	2	8	9	7	6
5	3	6	2	4	9	7	1	8
8	9	7	6	5	1	2	4	3
4	2	1	8	3	7	6	9	5

378.

1	7	4	8	2	9	6	3	5
8	6	3	5	7	1	9	4	2
9	2	5	6	4	3	8	1	7
2	4	6	9	1	5	3	7	8
7	5	9	4	3	8	2	6	1
3	1	8	7	6	2	5	9	4
5	9	7	1	8	6	4	2	3
6	3	1	2	5	4	7	8	9
4	8	2	3	9	7	1	5	6

379.

7	2	8	4	1	6	3	5	9
3	6	5	7	9	2	4	8	1
4	1	9	8	3	5	6	7	2
9	4	2	6	7	8	5	1	3
1	8	6	2	5	3	9	4	7
5	7	3	9	4	1	2	6	8
6	9	4	3	8	7	1	2	5
8	3	1	5	2	4	7	9	6
2	5	7	1	6	9	8	3	4

380.

6	4	8	5	9	2	1	7	3
3	7	5	1	4	8	2	6	9
9	2	1	3	6	7	4	8	5
7	8	3	4	2	5	9	1	6
1	9	4	8	3	6	5	2	7
5	6	2	9	7	1	3	4	8
8	1	7	2	5	3	6	9	4
2	3	9	6	8	4	7	5	1
4	5	6	7	1	9	8	3	2

381.

7	6	1	4	2	9	5	3	8
5	8	9	1	3	7	4	2	6
4	3	2	6	8	5	9	7	1
3	7	8	5	6	4	2	1	9
1	2	4	7	9	8	3	6	5
9	5	6	2	1	3	8	4	7
2	4	7	9	5	1	6	8	3
6	9	3	8	7	2	1	5	4
8	1	5	3	4	6	7	9	2

382.

3	4	2	1	8	5	7	9	6
6	5	8	4	9	7	3	2	1
9	7	1	3	2	6	5	4	8
8	9	4	6	5	3	1	7	2
2	6	7	8	4	1	9	5	3
5	1	3	2	7	9	8	6	4
4	8	9	7	3	2	6	1	5
1	3	5	9	6	4	2	8	7
7	2	6	5	1	8	4	3	9

383.

5	9	3	8	6	1	7	4	2
7	2	6	4	5	9	3	8	1
8	4	1	2	7	3	5	9	6
9	1	7	3	2	4	8	6	5
3	8	4	6	1	5	9	2	7
2	6	5	9	8	7	4	1	3
4	5	2	7	9	6	1	3	8
1	3	8	5	4	2	6	7	9
6	7	9	1	3	8	2	5	4

384.

9	1	6	3	2	4	7	5	8
8	2	4	6	5	7	1	9	3
3	7	5	9	1	8	4	6	2
4	5	1	8	6	9	2	3	7
2	9	3	7	4	1	5	8	6
6	8	7	2	3	5	9	1	4
1	3	2	5	7	6	8	4	9
7	4	8	1	9	3	6	2	5
5	6	9	4	8	2	3	7	1

385.

4	1	3	5	9	6	8	7	2
5	6	8	2	7	1	3	9	4
2	9	7	8	4	3	1	5	6
8	3	9	6	2	5	7	4	1
7	2	6	9	1	4	5	8	3
1	4	5	7	3	8	6	2	9
9	7	1	3	5	2	4	6	8
6	5	4	1	8	9	2	3	7
3	8	2	4	6	7	9	1	5

386.

7	2	3	5	6	4	8	9	1
9	1	8	7	2	3	4	5	6
6	5	4	8	9	1	7	3	2
2	9	7	4	8	5	1	6	3
8	3	6	1	7	9	5	2	4
1	4	5	2	3	6	9	7	8
4	7	9	3	1	2	6	8	5
5	8	2	6	4	7	3	1	9
3	6	1	9	5	8	2	4	7

387.

9	3	4	2	8	5	1	6	7
1	5	2	3	6	7	4	9	8
7	6	8	9	4	1	5	2	3
8	1	7	4	5	9	2	3	6
5	4	3	8	2	6	9	7	1
6	2	9	7	1	3	8	4	5
4	7	6	1	9	8	3	5	2
3	9	1	5	7	2	6	8	4
2	8	5	6	3	4	7	1	9

388.

8	1	3	4	6	9	2	7	5
6	2	4	3	7	5	8	9	1
9	7	5	2	1	8	6	3	4
7	5	2	9	3	6	4	1	8
1	4	6	8	2	7	9	5	3
3	8	9	5	4	1	7	6	2
2	3	7	6	5	4	1	8	9
5	9	1	7	8	2	3	4	6
4	6	8	1	9	3	5	2	7

389.

7	2	5	8	6	4	1	3	9
3	8	6	1	2	9	4	5	7
9	1	4	3	5	7	6	8	2
4	3	7	6	8	1	2	9	5
2	6	8	4	9	5	7	1	3
1	5	9	2	7	3	8	4	6
6	4	3	9	1	2	5	7	8
8	7	1	5	3	6	9	2	4
5	9	2	7	4	8	3	6	1

390.

2	5	1	8	4	9	7	6	3
4	9	3	1	7	6	2	8	5
6	7	8	2	5	3	4	9	1
7	8	9	5	2	1	6	3	4
5	2	6	9	3	4	1	7	8
1	3	4	6	8	7	9	5	2
8	1	5	7	6	2	3	4	9
3	6	2	4	9	8	5	1	7
9	4	7	3	1	5	8	2	6

391.

8	1	6	9	3	2	7	5	4
4	2	5	8	6	7	9	3	1
7	9	3	5	1	4	2	6	8
5	4	7	2	9	8	3	1	6
3	8	1	6	7	5	4	2	9
9	6	2	3	4	1	5	8	7
6	5	9	7	8	3	1	4	2
1	3	8	4	2	9	6	7	5
2	7	4	1	5	6	8	9	3

392.

9	7	5	8	6	3	2	4	1
3	2	8	1	5	4	7	6	9
4	1	6	2	9	7	3	8	5
7	9	1	4	3	8	6	5	2
5	6	2	9	7	1	8	3	4
8	4	3	5	2	6	9	1	7
6	8	9	7	1	5	4	2	3
2	5	4	3	8	9	1	7	6
1	3	7	6	4	2	5	9	8

393.

8	6	2	7	4	9	1	5	3
1	9	7	5	8	3	6	4	2
3	5	4	2	1	6	7	9	8
2	1	5	3	9	8	4	6	7
6	8	9	4	2	7	3	1	5
4	7	3	6	5	1	2	8	9
5	2	1	8	3	4	9	7	6
7	4	8	9	6	2	5	3	1
9	3	6	1	7	5	8	2	4

394.

4	9	2	3	6	7	5	1	8
5	8	7	4	1	2	3	9	6
6	1	3	5	8	9	4	2	7
8	2	5	7	9	4	1	6	3
3	6	4	1	5	8	9	7	2
9	7	1	2	3	6	8	4	5
2	3	8	9	7	1	6	5	4
7	5	9	6	4	3	2	8	1
1	4	6	8	2	5	7	3	9

395.

1	9	7	6	8	2	3	5	4
6	2	4	9	3	5	7	8	1
3	8	5	4	1	7	6	9	2
5	3	6	2	7	9	4	1	8
8	7	1	3	5	4	2	6	9
9	4	2	8	6	1	5	3	7
7	5	9	1	2	3	8	4	6
2	1	8	5	4	6	9	7	3
4	6	3	7	9	8	1	2	5

396.

3	1	9	5	4	6	2	7	8
8	5	4	7	3	2	9	6	1
7	2	6	1	9	8	4	5	3
6	8	3	2	7	9	5	1	4
1	7	5	4	6	3	8	2	9
9	4	2	8	5	1	6	3	7
2	6	7	9	1	4	3	8	5
4	3	1	6	8	5	7	9	2
5	9	8	3	2	7	1	4	6

397.

6	5	8	2	3	4	7	1	9
1	2	9	7	8	5	4	3	6
7	4	3	1	9	6	5	2	8
5	3	2	4	7	8	6	9	1
4	9	6	5	2	1	8	7	3
8	7	1	3	6	9	2	4	5
3	6	4	9	5	2	1	8	7
2	8	7	6	1	3	9	5	4
9	1	5	8	4	7	3	6	2

398.

1	9	5	3	8	7	4	2	6
6	4	7	5	1	2	8	9	3
2	3	8	6	4	9	1	5	7
5	1	2	9	3	4	6	7	8
4	7	9	1	6	8	5	3	2
3	8	6	7	2	5	9	1	4
9	5	4	8	7	3	2	6	1
8	6	3	2	5	1	7	4	9
7	2	1	4	9	6	3	8	5

399.

1	6	9	4	5	3	2	8	7
8	7	4	2	9	6	5	3	1
5	2	3	8	1	7	6	4	9
9	3	8	5	6	4	7	1	2
6	1	7	9	3	2	8	5	4
2	4	5	7	8	1	3	9	6
4	8	1	6	2	5	9	7	3
7	9	2	3	4	8	1	6	5
3	5	6	1	7	9	4	2	8

400.

6	8	4	5	7	1	3	2	9
1	3	7	9	6	2	4	5	8
9	5	2	8	3	4	1	7	6
8	4	3	2	9	6	5	1	7
2	6	5	3	1	7	8	9	4
7	1	9	4	8	5	6	3	2
3	7	1	6	4	9	2	8	5
5	9	6	1	2	8	7	4	3
4	2	8	7	5	3	9	6	1

401.

3	8	9	2	1	5	6	7	4
4	2	1	7	6	3	9	8	5
6	5	7	4	8	9	3	2	1
7	1	5	3	2	8	4	6	9
8	4	3	9	5	6	2	1	7
2	9	6	1	4	7	5	3	8
5	6	4	8	3	1	7	9	2
9	3	8	5	7	2	1	4	6
1	7	2	6	9	4	8	5	3

402.

5	4	8	2	9	7	1	3	6
6	9	1	8	5	3	2	7	4
3	2	7	4	6	1	5	9	8
8	6	3	9	1	2	4	5	7
7	1	2	5	3	4	8	6	9
9	5	4	6	7	8	3	2	1
1	8	5	7	2	6	9	4	3
2	3	6	1	4	9	7	8	5
4	7	9	3	8	5	6	1	2

403.

8	5	7	6	9	1	2	4	3
3	9	2	5	4	8	7	6	1
4	6	1	2	3	7	8	9	5
2	4	6	9	1	5	3	8	7
9	8	5	3	7	6	1	2	4
1	7	3	8	2	4	6	5	9
7	2	4	1	6	9	5	3	8
5	3	9	7	8	2	4	1	6
6	1	8	4	5	3	9	7	2

404.

4	3	8	1	5	6	9	2	7
1	5	2	7	8	9	3	6	4
6	7	9	3	2	4	8	1	5
7	8	4	5	1	3	2	9	6
5	2	1	9	6	8	7	4	3
3	9	6	4	7	2	1	5	8
8	1	7	2	4	5	6	3	9
9	6	5	8	3	1	4	7	2
2	4	3	6	9	7	5	8	1

405.

1	6	4	9	7	2	5	3	8
2	7	3	5	6	8	4	1	9
9	8	5	4	1	3	7	6	2
3	1	2	7	9	5	8	4	6
6	9	8	1	2	4	3	7	5
5	4	7	3	8	6	2	9	1
8	3	9	2	4	1	6	5	7
4	2	1	6	5	7	9	8	3
7	5	6	8	3	9	1	2	4

406.

6	8	7	3	9	5	1	4	2
5	2	1	4	8	7	3	6	9
4	9	3	2	1	6	7	5	8
7	6	8	1	5	4	2	9	3
2	3	4	8	6	9	5	7	1
9	1	5	7	3	2	6	8	4
3	4	6	5	2	8	9	1	7
8	5	2	9	7	1	4	3	6
1	7	9	6	4	3	8	2	5

407.

7	3	8	9	4	5	2	1	6
1	5	9	2	3	6	8	4	7
2	4	6	1	8	7	3	9	5
9	2	4	5	1	3	6	7	8
6	7	3	4	2	8	9	5	1
8	1	5	7	6	9	4	3	2
3	9	1	6	7	2	5	8	4
4	8	2	3	5	1	7	6	9
5	6	7	8	9	4	1	2	3

408.

3	6	2	7	8	1	5	9	4
5	7	8	4	9	3	6	1	2
1	9	4	2	6	5	3	7	8
7	4	1	5	3	2	9	8	6
8	5	6	9	4	7	2	3	1
2	3	9	6	1	8	7	4	5
6	1	7	3	2	4	8	5	9
9	8	3	1	5	6	4	2	7
4	2	5	8	7	9	1	6	3

409.

1	7	3	9	6	4	5	2	8
6	5	8	3	2	1	7	4	9
2	9	4	8	7	5	3	6	1
7	3	6	1	4	8	9	5	2
4	2	1	5	9	7	8	3	6
5	8	9	2	3	6	1	7	4
8	6	2	7	1	3	4	9	5
3	4	5	6	8	9	2	1	7
9	1	7	4	5	2	6	8	3

410.

8	6	5	9	3	7	1	2	4
3	7	9	1	2	4	6	5	8
2	4	1	6	5	8	3	7	9
5	9	7	3	4	2	8	6	1
4	3	6	7	8	1	2	9	5
1	2	8	5	9	6	7	4	3
9	1	3	2	7	5	4	8	6
7	5	4	8	6	3	9	1	2
6	8	2	4	1	9	5	3	7

411.

1	5	7	9	6	2	3	4	8
4	3	2	1	8	5	6	9	7
8	9	6	4	3	7	1	2	5
7	2	5	8	1	4	9	3	6
6	1	3	2	7	9	8	5	4
9	4	8	6	5	3	7	1	2
2	7	9	3	4	8	5	6	1
3	8	1	5	2	6	4	7	9
5	6	4	7	9	1	2	8	3

412.

8	7	6	1	4	5	3	2	9
2	4	9	3	7	6	8	5	1
5	3	1	8	2	9	6	7	4
4	9	5	7	8	3	2	1	6
1	8	3	6	5	2	4	9	7
7	6	2	9	1	4	5	8	3
3	1	8	2	6	7	9	4	5
6	2	4	5	9	1	7	3	8
9	5	7	4	3	8	1	6	2

413.

3	4	1	8	9	7	5	6	2
8	2	9	4	6	5	3	1	7
5	7	6	1	3	2	4	8	9
4	1	3	6	2	8	7	9	5
9	6	8	5	7	4	1	2	3
7	5	2	3	1	9	8	4	6
6	9	4	7	8	3	2	5	1
2	3	5	9	4	1	6	7	8
1	8	7	2	5	6	9	3	4

414.

8	4	9	7	5	2	1	6	3
1	7	3	8	6	9	5	4	2
6	5	2	1	3	4	8	7	9
3	9	4	6	7	5	2	1	8
5	6	1	4	2	8	3	9	7
7	2	8	9	1	3	6	5	4
4	1	7	3	8	6	9	2	5
9	3	5	2	4	1	7	8	6
2	8	6	5	9	7	4	3	1

415.

3	4	6	5	9	7	8	1	2
9	8	5	4	1	2	6	3	7
7	2	1	6	8	3	5	4	9
6	5	8	1	7	4	2	9	3
1	7	3	2	6	9	4	8	5
2	9	4	8	3	5	7	6	1
4	1	9	7	2	8	3	5	6
8	3	7	9	5	6	1	2	4
5	6	2	3	4	1	9	7	8

416.

9	6	4	7	8	3	2	1	5
3	7	2	5	9	1	6	4	8
8	1	5	6	4	2	7	3	9
7	9	6	4	5	8	1	2	3
2	5	8	1	3	7	9	6	4
1	4	3	9	2	6	5	8	7
5	3	1	8	6	9	4	7	2
4	2	7	3	1	5	8	9	6
6	8	9	2	7	4	3	5	1

417.

7	5	1	6	9	4	2	8	3
9	2	3	7	1	8	5	4	6
8	6	4	3	5	2	7	1	9
5	9	7	2	8	6	1	3	4
3	8	6	4	7	1	9	2	5
1	4	2	5	3	9	8	6	7
4	7	8	1	6	5	3	9	2
2	1	5	9	4	3	6	7	8
6	3	9	8	2	7	4	5	1

418.

2	1	6	7	3	9	4	5	8
3	5	7	8	4	2	9	6	1
9	4	8	1	5	6	7	2	3
1	6	2	5	9	3	8	7	4
8	3	5	4	6	7	2	1	9
7	9	4	2	8	1	6	3	5
4	7	3	6	1	8	5	9	2
6	8	1	9	2	5	3	4	7
5	2	9	3	7	4	1	8	6

419.

6	4	5	3	9	1	2	8	7
1	3	7	4	8	2	9	6	5
8	9	2	7	5	6	3	4	1
2	7	9	6	1	5	8	3	4
5	1	4	8	3	9	7	2	6
3	8	6	2	7	4	5	1	9
7	5	8	1	6	3	4	9	2
9	2	1	5	4	8	6	7	3
4	6	3	9	2	7	1	5	8

420.

2	4	8	7	5	3	1	6	9
3	7	5	9	6	1	8	2	4
9	1	6	2	4	8	3	5	7
6	8	1	4	7	9	5	3	2
4	3	2	5	8	6	9	7	1
5	9	7	1	3	2	4	8	6
1	5	3	6	9	7	2	4	8
7	2	4	8	1	5	6	9	3
8	6	9	3	2	4	7	1	5

421.

6	8	3	1	2	5	7	9	4
9	1	2	7	6	4	3	5	8
7	5	4	3	8	9	2	6	1
3	4	5	9	1	7	6	8	2
1	6	9	8	5	2	4	7	3
8	2	7	4	3	6	5	1	9
2	7	1	6	9	3	8	4	5
4	3	8	5	7	1	9	2	6
5	9	6	2	4	8	1	3	7

422.

2	7	6	5	4	3	9	1	8
9	8	4	6	1	7	2	3	5
1	3	5	9	8	2	7	6	4
6	5	3	1	9	8	4	7	2
7	9	8	3	2	4	1	5	6
4	1	2	7	5	6	8	9	3
8	6	7	4	3	9	5	2	1
3	4	1	2	7	5	6	8	9
5	2	9	8	6	1	3	4	7

423.

7	5	4	1	6	3	2	9	8
2	3	6	9	7	8	5	4	1
1	8	9	4	2	5	3	6	7
6	7	1	2	8	4	9	3	5
3	2	5	6	9	7	1	8	4
4	9	8	5	3	1	7	2	6
8	1	3	7	4	2	6	5	9
9	4	7	3	5	6	8	1	2
5	6	2	8	1	9	4	7	3

424.

5	1	6	4	8	9	2	7	3
9	7	8	3	2	5	4	1	6
3	4	2	7	6	1	8	9	5
1	5	9	2	3	7	6	4	8
8	2	4	9	1	6	3	5	7
7	6	3	5	4	8	1	2	9
4	3	5	6	9	2	7	8	1
6	9	1	8	7	4	5	3	2
2	8	7	1	5	3	9	6	4

425.

2	4	3	7	6	9	5	8	1
7	8	5	3	4	1	9	2	6
9	6	1	2	8	5	3	4	7
8	1	6	9	7	4	2	3	5
3	5	2	6	1	8	4	7	9
4	9	7	5	2	3	6	1	8
5	2	4	8	9	7	1	6	3
1	3	8	4	5	6	7	9	2
6	7	9	1	3	2	8	5	4

426.

8	9	3	1	5	7	4	6	2
7	1	5	6	2	4	9	3	8
6	4	2	3	8	9	5	1	7
5	6	7	2	9	1	3	8	4
4	2	8	7	3	5	1	9	6
9	3	1	8	4	6	2	7	5
2	7	6	5	1	3	8	4	9
1	8	4	9	7	2	6	5	3
3	5	9	4	6	8	7	2	1

427.

1	9	4	2	3	7	6	8	5
7	5	6	4	8	9	2	3	1
2	8	3	5	1	6	7	9	4
3	1	5	7	2	4	8	6	9
9	6	7	8	5	3	1	4	2
8	4	2	6	9	1	3	5	7
5	2	9	3	7	8	4	1	6
6	3	1	9	4	2	5	7	8
4	7	8	1	6	5	9	2	3

428.

7	2	6	9	3	4	1	5	8
4	3	9	8	5	1	7	6	2
1	8	5	2	7	6	4	3	9
3	1	7	6	4	9	8	2	5
9	6	2	5	1	8	3	4	7
5	4	8	7	2	3	6	9	1
8	7	3	4	9	5	2	1	6
2	5	4	1	6	7	9	8	3
6	9	1	3	8	2	5	7	4

429.

4	1	5	6	8	9	2	7	3
8	2	9	1	3	7	4	5	6
7	6	3	4	2	5	9	1	8
5	7	2	8	6	4	3	9	1
3	8	6	2	9	1	7	4	5
9	4	1	7	5	3	6	8	2
6	5	7	3	4	8	1	2	9
2	9	4	5	1	6	8	3	7
1	3	8	9	7	2	5	6	4

430.

2	6	4	9	3	1	5	8	7
8	9	5	7	2	6	3	4	1
7	1	3	8	5	4	6	9	2
5	8	9	3	6	2	1	7	4
4	2	6	1	9	7	8	3	5
3	7	1	5	4	8	2	6	9
6	4	8	2	1	9	7	5	3
9	5	2	6	7	3	4	1	8
1	3	7	4	8	5	9	2	6

431.

4	8	7	3	1	5	6	9	2
3	1	2	6	9	4	8	7	5
5	9	6	2	8	7	4	1	3
8	6	9	5	4	3	1	2	7
2	4	1	9	7	8	3	5	6
7	5	3	1	6	2	9	4	8
6	7	8	4	5	1	2	3	9
1	3	5	8	2	9	7	6	4
9	2	4	7	3	6	5	8	1

432.

5	4	9	1	3	8	7	2	6
8	6	7	9	2	4	5	3	1
1	2	3	6	7	5	8	4	9
4	3	6	7	8	1	2	9	5
7	9	1	5	4	2	3	6	8
2	5	8	3	6	9	1	7	4
6	8	5	2	9	7	4	1	3
3	1	2	4	5	6	9	8	7
9	7	4	8	1	3	6	5	2

433.

```
9 3 5 8 6 7 1 4 2
7 1 4 3 5 2 9 8 6
8 6 2 4 9 1 3 7 5
5 9 3 2 8 4 7 6 1
6 4 1 7 3 5 8 2 9
2 7 8 6 1 9 4 5 3
4 5 9 1 7 6 2 3 8
3 2 6 9 4 8 5 1 7
1 8 7 5 2 3 6 9 4
```

434.

```
1 2 8 5 6 9 3 7 4
6 3 4 7 1 8 9 5 2
7 9 5 4 3 2 1 8 6
2 8 6 9 5 7 4 3 1
4 7 1 6 8 3 2 9 5
3 5 9 2 4 1 8 6 7
5 6 2 3 9 4 7 1 8
9 1 7 8 2 5 6 4 3
8 4 3 1 7 6 5 2 9
```

435.

```
1 7 3 4 9 5 2 8 6
5 6 4 8 7 2 3 9 1
9 2 8 1 6 3 4 5 7
3 5 6 9 4 1 7 2 8
2 8 9 6 3 7 5 1 4
7 4 1 5 2 8 6 3 9
6 3 2 7 1 9 8 4 5
8 9 7 2 5 4 1 6 3
4 1 5 3 8 6 9 7 2
```

436.

```
9 7 1 8 3 2 5 4 6
8 2 5 6 7 4 9 3 1
3 6 4 9 1 5 8 2 7
5 9 7 3 2 1 4 6 8
2 4 8 7 5 6 3 1 9
1 3 6 4 9 8 2 7 5
7 5 2 1 4 9 6 8 3
4 8 3 5 6 7 1 9 2
6 1 9 2 8 3 7 5 4
```

437.

```
2 5 9 8 3 6 4 1 7
4 1 6 5 7 9 8 3 2
3 8 7 1 4 2 9 5 6
1 6 2 3 9 7 5 8 4
9 7 8 6 5 4 1 2 3
5 3 4 2 1 8 7 6 9
8 9 1 7 6 3 2 4 5
6 4 5 9 2 1 3 7 8
7 2 3 4 8 5 6 9 1
```

438.

```
6 9 1 2 3 5 4 8 7
3 5 8 7 4 1 9 6 2
4 7 2 9 8 6 3 5 1
5 4 7 3 6 9 1 2 8
1 2 3 4 5 8 6 7 9
9 8 6 1 2 7 5 4 3
8 6 9 5 7 3 2 1 4
7 3 4 6 1 2 8 9 5
2 1 5 8 9 4 7 3 6
```

439.

```
5 7 2 6 9 3 4 8 1
1 3 8 4 5 2 6 9 7
6 4 9 1 8 7 3 2 5
9 2 5 3 7 8 1 4 6
4 8 6 5 2 1 7 3 9
7 1 3 9 6 4 8 5 2
2 5 7 8 3 6 9 1 4
8 9 1 7 4 5 2 6 3
3 6 4 2 1 9 5 7 8
```

440.

```
8 4 1 3 9 5 2 7 6
7 3 9 4 6 2 8 5 1
5 2 6 8 7 1 4 3 9
9 6 7 1 4 8 3 2 5
4 5 8 2 3 6 9 1 7
3 1 2 9 5 7 6 4 8
1 9 3 5 8 4 7 6 2
2 7 4 6 1 9 5 8 3
6 8 5 7 2 3 1 9 4
```

441.

```
8 1 7 6 5 2 9 4 3
4 3 5 7 9 8 1 6 2
9 6 2 1 3 4 7 8 5
1 2 9 4 7 6 3 5 8
7 4 3 9 8 5 2 1 6
5 8 6 2 1 3 4 9 7
3 5 4 8 2 9 6 7 1
6 7 8 3 4 1 5 2 9
2 9 1 5 6 7 8 3 4
```

442.

```
4 2 3 1 8 5 7 9 6
5 1 8 9 6 7 3 4 2
7 9 6 3 4 2 8 5 1
2 5 4 7 3 1 9 6 8
6 8 7 4 5 9 2 1 3
1 3 9 6 2 8 5 7 4
3 6 5 2 9 4 1 8 7
9 4 1 8 7 3 6 2 5
8 7 2 5 1 6 4 3 9
```

443.

```
9 8 4 5 1 3 7 2 6
7 3 6 9 2 4 5 1 8
1 2 5 7 6 8 3 9 4
5 6 9 1 3 2 4 8 7
2 4 1 8 7 5 6 3 9
3 7 8 4 9 6 1 5 2
8 1 3 2 4 7 9 6 5
6 5 7 3 8 9 2 4 1
4 9 2 6 5 1 8 7 3
```

444.

```
1 9 8 4 3 5 7 2 6
4 5 3 2 7 6 8 1 9
2 6 7 1 9 8 5 3 4
8 7 6 5 4 2 3 9 1
3 2 1 7 8 9 6 4 5
5 4 9 6 1 3 2 8 7
7 1 5 8 2 4 9 6 3
6 3 2 9 5 1 4 7 8
9 8 4 3 6 7 1 5 2
```

445.

9	4	1	5	7	8	2	6	3
7	2	5	3	6	9	8	1	4
3	8	6	2	1	4	7	5	9
2	5	7	9	4	6	3	8	1
8	1	9	7	2	3	5	4	6
6	3	4	8	5	1	9	2	7
5	6	3	1	9	2	4	7	8
4	7	8	6	3	5	1	9	2
1	9	2	4	8	7	6	3	5

446.

2	5	6	4	9	8	7	1	3
7	8	3	6	2	1	5	4	9
4	1	9	5	3	7	2	8	6
5	4	1	3	8	6	9	2	7
9	6	2	1	7	5	8	3	4
8	3	7	2	4	9	6	5	1
1	2	5	7	6	4	3	9	8
3	7	8	9	1	2	4	6	5
6	9	4	8	5	3	1	7	2

447.

9	1	7	2	4	5	6	3	8
6	4	2	7	8	3	1	9	5
8	5	3	9	6	1	7	2	4
5	3	6	4	1	9	2	8	7
2	7	8	3	5	6	9	4	1
1	9	4	8	7	2	3	5	6
3	6	5	1	9	4	8	7	2
4	8	9	6	2	7	5	1	3
7	2	1	5	3	8	4	6	9

448.

6	3	9	4	2	1	7	5	8
5	4	7	3	9	8	2	1	6
8	2	1	6	7	5	9	3	4
7	9	3	2	1	4	8	6	5
4	6	8	9	5	7	3	2	1
1	5	2	8	3	6	4	9	7
9	1	4	7	6	3	5	8	2
3	8	5	1	4	2	6	7	9
2	7	6	5	8	9	1	4	3

449.

7	6	5	2	1	9	8	3	4
2	3	4	7	8	6	1	9	5
8	1	9	3	4	5	7	6	2
9	4	1	6	3	7	2	5	8
6	5	2	1	9	8	4	7	3
3	8	7	4	5	2	9	1	6
4	2	3	9	6	1	5	8	7
1	7	8	5	2	3	6	4	9
5	9	6	8	7	4	3	2	1

450.

8	7	3	4	5	2	1	6	9
4	6	9	1	8	3	2	7	5
2	5	1	7	9	6	3	4	8
5	1	7	6	3	8	4	9	2
9	3	4	5	2	1	6	8	7
6	2	8	9	7	4	5	1	3
3	4	2	8	1	7	9	5	6
1	8	5	2	6	9	7	3	4
7	9	6	3	4	5	8	2	1

451.

6	1	9	2	5	4	3	7	8
8	2	4	9	3	7	5	6	1
5	7	3	1	6	8	2	9	4
3	8	5	4	7	6	1	2	9
1	4	7	5	2	9	6	8	3
9	6	2	3	8	1	4	5	7
2	5	8	7	1	3	9	4	6
7	9	1	6	4	2	8	3	5
4	3	6	8	9	5	7	1	2

452.

1	9	4	2	8	5	7	6	3
7	8	3	4	1	6	9	5	2
5	6	2	9	3	7	4	1	8
2	7	1	5	4	8	6	3	9
3	5	9	7	6	1	2	8	4
6	4	8	3	2	9	5	7	1
8	3	7	6	9	2	1	4	5
9	1	6	8	5	4	3	2	7
4	2	5	1	7	3	8	9	6

453.

2	7	6	5	4	1	9	8	3
3	1	5	8	2	9	6	4	7
8	9	4	7	3	6	1	5	2
9	3	7	2	8	5	4	1	6
4	5	2	1	6	3	7	9	8
6	8	1	4	9	7	3	2	5
1	2	9	3	7	8	5	6	4
5	4	3	6	1	2	8	7	9
7	6	8	9	5	4	2	3	1

454.

5	3	9	1	2	8	6	4	7
2	6	7	4	9	3	1	5	8
4	8	1	6	5	7	9	2	3
6	7	2	8	4	9	3	1	5
1	5	8	7	3	2	4	6	9
3	9	4	5	1	6	8	7	2
8	2	5	3	6	4	7	9	1
7	1	6	9	8	5	2	3	4
9	4	3	2	7	1	5	8	6

455.

4	8	5	9	6	7	1	3	2
6	7	3	1	8	2	9	5	4
1	2	9	4	5	3	7	6	8
8	4	1	6	3	9	2	7	5
3	5	7	2	4	1	8	9	6
9	6	2	8	7	5	4	1	3
7	3	4	5	9	8	6	2	1
5	1	8	7	2	6	3	4	9
2	9	6	3	1	4	5	8	7

456.

8	3	1	2	5	6	7	9	4
5	4	9	8	3	7	6	2	1
2	7	6	9	1	4	8	3	5
1	5	7	6	8	9	3	4	2
9	6	2	5	4	3	1	7	8
4	8	3	1	7	2	5	6	9
6	2	5	7	9	8	4	1	3
7	1	4	3	2	5	9	8	6
3	9	8	4	6	1	2	5	7

457.

4	5	3	9	1	7	6	2	8
1	7	8	2	6	4	5	9	3
9	2	6	5	3	8	1	4	7
3	6	2	1	8	5	9	7	4
7	9	4	3	2	6	8	1	5
5	8	1	7	4	9	2	3	6
2	1	7	6	5	3	4	8	9
8	3	5	4	9	1	7	6	2
6	4	9	8	7	2	3	5	1

458.

8	6	7	3	2	4	9	5	1
4	9	1	5	8	7	6	2	3
3	2	5	9	1	6	8	7	4
1	7	4	6	5	9	2	3	8
9	8	3	4	7	2	5	1	6
6	5	2	8	3	1	4	9	7
7	4	9	2	6	3	1	8	5
5	1	6	7	9	8	3	4	2
2	3	8	1	4	5	7	6	9

459.

6	5	9	7	8	2	3	4	1
8	7	4	3	9	1	2	6	5
1	2	3	4	5	6	9	8	7
3	9	6	5	2	8	1	7	4
5	1	7	9	6	4	8	2	3
4	8	2	1	7	3	5	9	6
2	4	5	8	1	7	6	3	9
9	3	8	6	4	5	7	1	2
7	6	1	2	3	9	4	5	8

460.

1	5	4	9	2	7	3	8	6
2	8	7	6	3	1	5	9	4
3	6	9	8	5	4	2	1	7
5	1	3	7	6	8	9	4	2
9	2	6	4	1	5	7	3	8
4	7	8	3	9	2	1	6	5
7	9	2	1	4	6	8	5	3
6	3	5	2	8	9	4	7	1
8	4	1	5	7	3	6	2	9

461.

2	4	5	6	1	9	8	7	3
1	8	7	5	3	2	9	4	6
6	9	3	7	4	8	2	5	1
4	5	2	1	9	6	7	3	8
7	1	9	2	8	3	5	6	4
3	6	8	4	7	5	1	2	9
5	3	6	9	2	1	4	8	7
9	2	4	8	6	7	3	1	5
8	7	1	3	5	4	6	9	2

462.

6	5	3	8	2	9	1	4	7
7	9	2	4	5	1	8	6	3
1	8	4	7	3	6	5	2	9
8	7	1	9	6	5	4	3	2
2	6	9	1	4	3	7	5	8
4	3	5	2	8	7	9	1	6
9	4	6	5	7	2	3	8	1
3	1	8	6	9	4	2	7	5
5	2	7	3	1	8	6	9	4

463.

3	4	7	6	5	1	2	8	9
9	2	6	4	3	8	1	7	5
5	8	1	2	9	7	4	3	6
4	3	5	8	7	6	9	1	2
7	1	8	9	4	2	5	6	3
2	6	9	5	1	3	7	4	8
6	9	2	7	8	4	3	5	1
8	7	3	1	2	5	6	9	4
1	5	4	3	6	9	8	2	7

464.

7	5	3	6	1	8	4	9	2
4	6	8	2	9	3	1	5	7
2	9	1	5	4	7	6	8	3
9	1	7	8	3	4	2	6	5
8	4	5	1	2	6	3	7	9
3	2	6	7	5	9	8	1	4
6	3	9	4	7	1	5	2	8
1	7	2	3	8	5	9	4	6
5	8	4	9	6	2	7	3	1

465.

3	1	5	9	2	4	7	8	6
4	6	8	3	1	7	2	5	9
9	7	2	5	6	8	3	4	1
7	4	1	6	3	9	8	2	5
8	2	9	4	7	5	1	6	3
6	5	3	1	8	2	4	9	7
2	3	7	8	9	6	5	1	4
1	9	4	2	5	3	6	7	8
5	8	6	7	4	1	9	3	2

466.

6	9	2	7	5	1	3	4	8
3	4	1	2	9	8	5	7	6
5	7	8	3	6	4	1	9	2
4	8	7	1	2	5	6	3	9
2	6	9	8	4	3	7	5	1
1	3	5	6	7	9	8	2	4
7	1	4	5	8	2	9	6	3
9	5	3	4	1	6	2	8	7
8	2	6	9	3	7	4	1	5

467.

3	5	1	9	4	7	6	2	8
9	7	2	8	6	1	5	3	4
6	8	4	2	3	5	1	9	7
1	2	8	5	9	3	7	4	6
7	9	3	6	8	4	2	1	5
5	4	6	1	7	2	3	8	9
4	1	5	7	2	9	8	6	3
2	6	9	3	5	8	4	7	1
8	3	7	4	1	6	9	5	2

468.

4	1	2	5	7	6	3	8	9
5	3	6	2	8	9	4	1	7
9	8	7	1	3	4	5	6	2
3	9	5	8	2	7	1	4	6
7	2	4	3	6	1	9	5	8
1	6	8	9	4	5	7	2	3
2	4	3	7	5	8	6	9	1
8	5	1	6	9	3	2	7	4
6	7	9	4	1	2	8	3	5

469.

3	5	6	9	2	4	8	1	7
1	8	2	7	3	6	4	9	5
7	4	9	1	5	8	2	6	3
9	3	1	4	8	7	5	2	6
5	7	4	2	6	9	1	3	8
6	2	8	5	1	3	7	4	9
8	1	7	6	9	2	3	5	4
4	6	5	3	7	1	9	8	2
2	9	3	8	4	5	6	7	1

470.

3	6	2	7	9	4	1	8	5
9	7	8	3	1	5	6	4	2
5	4	1	2	6	8	3	9	7
4	8	3	6	5	7	2	1	9
1	2	6	4	8	9	7	5	3
7	5	9	1	2	3	4	6	8
2	1	5	9	7	6	8	3	4
6	9	4	8	3	2	5	7	1
8	3	7	5	4	1	9	2	6

471.

8	3	9	4	2	1	5	7	6
1	5	7	9	6	3	2	4	8
2	6	4	5	7	8	1	9	3
9	8	2	1	5	6	7	3	4
3	1	6	8	4	7	9	2	5
7	4	5	3	9	2	6	8	1
5	2	8	6	3	9	4	1	7
6	9	1	7	8	4	3	5	2
4	7	3	2	1	5	8	6	9

472.

9	7	5	3	6	1	4	8	2
3	1	6	2	4	8	5	7	9
4	2	8	7	9	5	3	6	1
7	3	4	5	8	2	1	9	6
5	8	2	9	1	6	7	3	4
6	9	1	4	7	3	8	2	5
1	4	3	6	2	7	9	5	8
8	6	7	1	5	9	2	4	3
2	5	9	8	3	4	6	1	7

473.

8	9	2	7	5	4	1	6	3
5	3	7	9	6	1	4	2	8
1	6	4	3	8	2	5	9	7
7	1	9	4	3	5	2	8	6
4	5	8	6	2	9	7	3	1
6	2	3	8	1	7	9	4	5
2	7	6	5	9	3	8	1	4
3	4	1	2	7	8	6	5	9
9	8	5	1	4	6	3	7	2

474.

3	6	1	8	2	7	9	4	5
8	5	9	3	1	4	6	2	7
7	2	4	5	9	6	8	3	1
9	4	7	2	3	8	1	5	6
2	8	6	1	7	5	3	9	4
1	3	5	6	4	9	7	8	2
4	9	3	7	5	1	2	6	8
5	7	8	9	6	2	4	1	3
6	1	2	4	8	3	5	7	9

475.

4	6	2	8	3	7	5	1	9
1	8	9	4	2	5	6	7	3
5	7	3	9	6	1	2	8	4
7	2	4	1	9	8	3	5	6
3	1	8	6	5	2	4	9	7
9	5	6	7	4	3	1	2	8
6	9	1	5	8	4	7	3	2
2	4	7	3	1	9	8	6	5
8	3	5	2	7	6	9	4	1

476.

5	2	3	7	8	9	6	4	1
6	8	7	2	4	1	3	5	9
4	9	1	6	3	5	2	7	8
1	7	4	9	6	2	5	8	3
2	3	5	8	7	4	1	9	6
8	6	9	1	5	3	4	2	7
9	5	2	3	1	8	7	6	4
7	1	8	4	2	6	9	3	5
3	4	6	5	9	7	8	1	2

477.

5	9	8	7	1	4	2	6	3
6	3	1	2	5	8	9	7	4
4	2	7	3	6	9	8	1	5
8	5	6	1	3	7	4	9	2
9	1	4	8	2	6	3	5	7
2	7	3	9	4	5	6	8	1
1	8	2	5	9	3	7	4	6
3	6	9	4	7	1	5	2	8
7	4	5	6	8	2	1	3	9

478.

8	5	3	6	9	1	2	7	4
2	9	1	8	4	7	5	3	6
4	6	7	5	3	2	9	8	1
9	7	5	3	1	4	8	6	2
6	4	8	2	5	9	7	1	3
3	1	2	7	8	6	4	5	9
1	8	6	4	2	5	3	9	7
7	3	4	9	6	8	1	2	5
5	2	9	1	7	3	6	4	8

479.

1	4	3	7	9	5	6	2	8
2	8	5	6	4	1	9	3	7
9	7	6	2	3	8	1	4	5
6	3	4	9	8	2	7	5	1
8	1	2	3	5	7	4	9	6
5	9	7	1	6	4	3	8	2
3	2	9	5	7	6	8	1	4
7	5	8	4	1	3	2	6	9
4	6	1	8	2	9	5	7	3

480.

5	3	4	7	8	9	1	6	2
8	9	6	4	2	1	7	3	5
2	1	7	3	5	6	8	9	4
9	2	3	1	7	5	6	4	8
1	7	8	9	6	4	5	2	3
4	6	5	2	3	8	9	1	7
6	5	1	8	4	2	3	7	9
7	4	9	5	1	3	2	8	6
3	8	2	6	9	7	4	5	1

481.

3	2	8	7	5	9	1	6	4
7	1	4	3	6	2	8	5	9
9	5	6	1	8	4	3	7	2
6	3	9	4	2	8	7	1	5
2	7	1	5	9	3	4	8	6
8	4	5	6	1	7	2	9	3
1	8	3	9	4	6	5	2	7
5	6	7	2	3	1	9	4	8
4	9	2	8	7	5	6	3	1

482.

4	5	1	3	8	7	6	9	2
3	7	8	2	6	9	1	5	4
9	6	2	5	4	1	7	3	8
8	4	3	6	5	2	9	7	1
6	9	7	1	3	8	4	2	5
1	2	5	9	7	4	8	6	3
5	3	9	4	1	6	2	8	7
2	8	4	7	9	5	3	1	6
7	1	6	8	2	3	5	4	9

483.

9	6	7	2	1	8	4	5	3
5	8	1	3	9	4	7	6	2
2	3	4	7	5	6	8	9	1
6	2	3	5	4	9	1	8	7
4	7	9	8	2	1	5	3	6
8	1	5	6	7	3	2	4	9
1	9	8	4	3	7	6	2	5
3	5	6	1	8	2	9	7	4
7	4	2	9	6	5	3	1	8

484.

1	2	5	7	9	8	3	6	4
8	7	9	3	6	4	5	1	2
6	3	4	1	5	2	9	7	8
5	1	2	4	3	6	8	9	7
7	4	8	9	2	1	6	5	3
3	9	6	8	7	5	2	4	1
2	8	7	5	1	9	4	3	6
4	5	3	6	8	7	1	2	9
9	6	1	2	4	3	7	8	5

485.

3	9	6	1	8	4	2	5	7
1	2	8	3	7	5	6	9	4
5	7	4	9	2	6	3	1	8
2	5	7	4	3	8	9	6	1
4	6	9	2	5	1	8	7	3
8	1	3	7	6	9	5	4	2
7	3	1	6	9	2	4	8	5
9	8	2	5	4	7	1	3	6
6	4	5	8	1	3	7	2	9

486.

6	3	4	1	5	2	7	9	8
1	8	5	7	6	9	2	3	4
7	2	9	3	4	8	6	5	1
3	1	6	8	2	5	9	4	7
4	9	8	6	3	7	5	1	2
2	5	7	9	1	4	8	6	3
5	4	3	2	7	6	1	8	9
8	6	2	4	9	1	3	7	5
9	7	1	5	8	3	4	2	6

487.

9	3	5	1	7	8	6	4	2
7	8	4	3	2	6	9	5	1
1	2	6	5	9	4	8	7	3
8	4	7	6	3	2	5	1	9
6	5	2	8	1	9	7	3	4
3	9	1	4	5	7	2	8	6
5	1	8	9	6	3	4	2	7
4	7	9	2	8	1	3	6	5
2	6	3	7	4	5	1	9	8

488.

9	4	8	6	5	7	3	2	1
1	6	3	2	4	9	8	5	7
5	2	7	3	8	1	9	4	6
8	9	2	5	1	6	7	3	4
6	7	1	8	3	4	2	9	5
3	5	4	9	7	2	6	1	8
7	1	9	4	2	8	5	6	3
4	3	6	7	9	5	1	8	2
2	8	5	1	6	3	4	7	9

489.

7	5	9	4	3	8	2	6	1
6	1	3	2	9	7	5	8	4
8	2	4	1	5	6	9	3	7
2	9	5	7	8	3	1	4	6
1	7	6	9	2	4	8	5	3
3	4	8	6	1	5	7	2	9
5	6	1	3	7	2	4	9	8
4	8	7	5	6	9	3	1	2
9	3	2	8	4	1	6	7	5

490.

7	9	4	8	2	5	6	3	1
1	5	2	3	7	6	9	8	4
8	3	6	9	1	4	2	5	7
3	7	8	4	6	9	5	1	2
5	6	1	7	8	2	4	9	3
4	2	9	5	3	1	8	7	6
2	1	5	6	9	7	3	4	8
6	4	3	1	5	8	7	2	9
9	8	7	2	4	3	1	6	5

491.

7	8	3	9	2	5	1	6	4
4	2	9	8	1	6	5	7	3
6	1	5	7	3	4	8	2	9
8	5	7	3	9	1	2	4	6
1	3	4	5	6	2	7	9	8
2	9	6	4	7	8	3	1	5
5	6	1	2	8	9	4	3	7
3	4	2	6	5	7	9	8	1
9	7	8	1	4	3	6	5	2

492.

4	8	6	5	9	7	1	3	2
2	7	9	4	3	1	6	5	8
1	3	5	2	8	6	9	7	4
3	6	1	7	5	4	2	8	9
5	9	2	3	1	8	4	6	7
7	4	8	6	2	9	5	1	3
6	2	4	8	7	5	3	9	1
8	1	3	9	6	2	7	4	5
9	5	7	1	4	3	8	2	6

493.

2	6	3	8	1	9	5	4	7
7	5	4	3	6	2	9	1	8
1	8	9	7	5	4	6	3	2
3	1	2	9	8	6	7	5	4
6	4	5	1	2	7	8	9	3
9	7	8	4	3	5	2	6	1
4	2	1	6	9	8	3	7	5
5	3	6	2	7	1	4	8	9
8	9	7	5	4	3	1	2	6

494.

7	3	5	6	9	4	8	2	1
1	4	2	3	5	8	9	7	6
9	6	8	1	2	7	4	5	3
4	2	7	8	1	5	3	6	9
8	5	3	9	4	6	2	1	7
6	9	1	2	7	3	5	8	4
5	1	9	4	6	2	7	3	8
3	7	4	5	8	1	6	9	2
2	8	6	7	3	9	1	4	5

495.

2	5	7	3	4	8	1	6	9
8	4	3	1	9	6	7	2	5
1	6	9	7	2	5	3	8	4
6	3	5	9	8	7	4	1	2
9	8	2	6	1	4	5	7	3
7	1	4	2	5	3	8	9	6
4	2	8	5	6	1	9	3	7
5	7	6	8	3	9	2	4	1
3	9	1	4	7	2	6	5	8

496.

5	9	2	6	7	3	8	1	4
7	4	6	8	2	1	3	5	9
8	1	3	4	5	9	2	7	6
4	3	5	1	8	6	9	2	7
2	8	9	7	3	5	6	4	1
6	7	1	9	4	2	5	3	8
9	2	8	5	1	7	4	6	3
1	5	4	3	6	8	7	9	2
3	6	7	2	9	4	1	8	5

497.

9	1	3	2	4	7	8	6	5
4	2	7	8	6	5	9	3	1
8	5	6	3	1	9	4	7	2
3	4	5	1	8	2	6	9	7
6	9	2	5	7	3	1	4	8
1	7	8	6	9	4	2	5	3
2	6	4	7	5	1	3	8	9
7	8	1	9	3	6	5	2	4
5	3	9	4	2	8	7	1	6

498.

8	6	5	7	9	4	3	1	2
2	7	4	1	3	8	5	6	9
9	1	3	6	2	5	4	7	8
3	8	6	5	4	7	9	2	1
1	4	2	3	6	9	8	5	7
7	5	9	8	1	2	6	4	3
4	3	8	2	5	1	7	9	6
6	9	1	4	7	3	2	8	5
5	2	7	9	8	6	1	3	4

499.

8	3	6	2	4	7	9	1	5
7	2	1	9	6	5	8	3	4
5	9	4	8	1	3	6	7	2
2	1	7	6	5	8	4	9	3
6	8	3	4	7	9	5	2	1
9	4	5	3	2	1	7	6	8
3	5	8	7	9	2	1	4	6
1	6	9	5	3	4	2	8	7
4	7	2	1	8	6	3	5	9

500.

3	2	7	6	1	9	5	4	8
4	8	5	2	3	7	9	1	6
1	9	6	4	5	8	3	7	2
9	3	4	7	6	5	2	8	1
7	1	8	3	2	4	6	5	9
5	6	2	8	9	1	4	3	7
2	4	3	1	7	6	8	9	5
6	7	9	5	8	3	1	2	4
8	5	1	9	4	2	7	6	3

501.

6	5	4	7	3	8	9	2	1
8	9	1	2	4	6	7	5	3
2	7	3	1	9	5	8	4	6
9	2	6	4	1	7	3	8	5
5	4	8	9	6	3	2	1	7
3	1	7	5	8	2	6	9	4
4	6	2	3	5	9	1	7	8
1	8	9	6	7	4	5	3	2
7	3	5	8	2	1	4	6	9

502.

6	7	9	1	3	4	2	8	5
2	8	1	5	6	7	4	3	9
4	5	3	2	9	8	6	7	1
9	3	7	4	5	2	1	6	8
8	1	6	3	7	9	5	4	2
5	2	4	8	1	6	3	9	7
3	9	2	7	4	5	8	1	6
1	6	5	9	8	3	7	2	4
7	4	8	6	2	1	9	5	3

503.

5	1	7	4	2	9	8	6	3
2	8	3	6	1	5	4	7	9
4	6	9	3	8	7	2	5	1
1	7	8	5	9	4	6	3	2
3	4	2	8	7	6	1	9	5
6	9	5	1	3	2	7	8	4
7	3	6	2	5	1	9	4	8
8	2	4	9	6	3	5	1	7
9	5	1	7	4	8	3	2	6

504.

9	3	5	4	6	1	7	8	2
6	7	8	9	5	2	1	3	4
4	2	1	7	8	3	6	5	9
1	5	3	6	2	9	8	4	7
7	4	6	1	3	8	2	9	5
2	8	9	5	7	4	3	1	6
5	9	2	8	1	7	4	6	3
3	1	4	2	9	6	5	7	8
8	6	7	3	4	5	9	2	1

门萨数独游戏500题

505.

7	2	4	6	1	9	5	8	3
5	9	8	3	2	4	6	1	7
6	1	3	5	8	7	2	9	4
9	8	1	7	6	3	4	2	5
3	7	5	2	4	8	9	6	1
4	6	2	9	5	1	7	3	8
8	3	9	4	7	2	1	5	6
2	4	6	1	3	5	8	7	9
1	5	7	8	9	6	3	4	2

506.

8	7	4	2	1	5	3	6	9
6	5	1	9	7	3	2	4	8
2	3	9	4	8	6	5	7	1
3	1	6	5	4	9	8	2	7
9	8	7	6	2	1	4	5	3
5	4	2	7	3	8	9	1	6
1	6	5	8	9	2	7	3	4
7	2	8	3	6	4	1	9	5
4	9	3	1	5	7	6	8	2

507.

7	2	5	9	8	1	3	4	6
9	3	1	4	2	6	5	7	8
4	6	8	3	7	5	2	9	1
2	4	9	8	1	3	7	6	5
5	7	3	2	6	9	8	1	4
1	8	6	7	5	4	9	2	3
3	9	7	6	4	8	1	5	2
6	1	2	5	3	7	4	8	9
8	5	4	1	9	2	6	3	7

508.

5	9	7	6	8	1	2	4	3
3	8	2	7	4	5	1	6	9
4	1	6	9	3	2	5	7	8
8	5	1	4	6	3	7	9	2
7	4	9	1	2	8	6	3	5
6	2	3	5	9	7	4	8	1
2	3	4	8	5	6	9	1	7
1	6	5	3	7	9	8	2	4
9	7	8	2	1	4	3	5	6

509.

1	9	5	7	6	8	3	4	2
8	6	4	2	1	3	5	9	7
2	7	3	5	9	4	6	8	1
4	8	7	9	3	1	2	5	6
9	1	2	8	5	6	4	7	3
5	3	6	4	2	7	9	1	8
7	2	8	3	4	5	1	6	9
6	4	9	1	8	2	7	3	5
3	5	1	6	7	9	8	2	4

510.

4	3	1	9	5	8	6	7	2
9	8	6	4	7	2	1	3	5
7	2	5	1	3	6	4	9	8
1	7	8	6	2	9	3	5	4
6	4	2	5	1	3	7	8	9
3	5	9	7	8	4	2	6	1
8	1	4	3	9	7	5	2	6
5	9	3	2	6	1	8	4	7
2	6	7	8	4	5	9	1	3

511.

8	5	6	7	2	9	4	1	3
1	3	2	8	6	4	7	9	5
4	9	7	1	3	5	2	6	8
2	7	5	3	9	8	6	4	1
3	8	4	6	7	1	5	2	9
9	6	1	5	4	2	8	3	7
7	4	9	2	5	3	1	8	6
6	1	3	4	8	7	9	5	2
5	2	8	9	1	6	3	7	4

512.

1	7	5	6	4	2	9	3	8
2	6	9	3	8	7	1	5	4
4	8	3	5	9	1	6	2	7
6	9	2	8	1	4	5	7	3
3	5	7	2	6	9	8	4	1
8	1	4	7	3	5	2	6	9
9	3	6	4	2	8	7	1	5
7	2	1	9	5	3	4	8	6
5	4	8	1	7	6	3	9	2

513.

4	7	8	9	3	2	5	1	6
9	2	6	5	1	7	4	8	3
5	1	3	6	8	4	9	7	2
2	3	9	4	6	8	1	5	7
1	6	5	7	9	3	8	2	4
7	8	4	1	2	5	6	3	9
3	9	1	8	7	6	2	4	5
8	4	7	2	5	9	3	6	1
6	5	2	3	4	1	7	9	8

514.

5	2	7	4	3	9	1	6	8
4	6	8	5	7	1	2	3	9
3	9	1	2	8	6	4	7	5
6	3	4	1	5	7	9	8	2
7	8	9	3	2	4	5	1	6
2	1	5	6	9	8	3	4	7
9	5	6	7	1	3	8	2	4
1	7	2	8	4	5	6	9	3
8	4	3	9	6	2	7	5	1

515.

2	6	4	5	3	9	7	1	8
1	8	7	2	4	6	5	3	9
5	3	9	7	8	1	2	4	6
9	5	8	3	6	4	1	2	7
6	7	1	9	2	5	4	8	3
3	4	2	8	1	7	6	9	5
8	2	6	1	7	3	9	5	4
7	9	3	4	5	2	8	6	1
4	1	5	6	9	8	3	7	2

516.

6	7	3	8	5	2	4	9	1
9	8	4	3	1	7	2	5	6
5	1	2	9	6	4	8	7	3
7	2	9	5	4	1	6	3	8
8	5	6	2	9	3	7	1	4
4	3	1	6	7	8	5	2	9
1	4	5	7	3	6	9	8	2
3	9	8	4	2	5	1	6	7
2	6	7	1	8	9	3	4	5

517.

5	7	4	1	3	9	8	6	2
3	8	9	6	4	2	1	7	5
6	2	1	5	7	8	4	9	3
8	9	5	2	1	4	7	3	6
4	1	2	7	6	3	5	8	9
7	6	3	9	8	5	2	4	1
9	4	6	8	5	1	3	2	7
1	3	7	4	2	6	9	5	8
2	5	8	3	9	7	6	1	4

518.

2	5	8	1	4	9	6	3	7
9	3	4	6	7	2	5	8	1
7	6	1	5	3	8	9	4	2
1	8	5	3	9	7	2	6	4
3	4	9	2	5	6	1	7	8
6	2	7	8	1	4	3	5	9
4	1	3	9	8	5	7	2	6
8	9	6	7	2	3	4	1	5
5	7	2	4	6	1	8	9	3

519.

3	5	6	1	8	7	4	2	9
8	4	2	6	9	5	1	7	3
1	9	7	2	4	3	8	6	5
5	8	9	7	6	1	2	3	4
6	2	4	5	3	8	7	9	1
7	1	3	4	2	9	5	8	6
4	7	8	9	5	6	3	1	2
9	3	5	8	1	2	6	4	7
2	6	1	3	7	4	9	5	8

520.

7	3	1	5	2	6	9	4	8
4	2	6	9	1	8	5	7	3
5	9	8	3	4	7	6	2	1
8	1	3	4	9	5	7	6	2
9	4	2	6	7	3	8	1	5
6	5	7	1	8	2	3	9	4
2	6	9	8	3	1	4	5	7
1	8	5	7	6	4	2	3	9
3	7	4	2	5	9	1	8	6

521.

3	1	9	5	8	6	7	4	2
6	2	4	7	3	9	1	5	8
8	5	7	4	1	2	6	9	3
2	9	6	8	4	3	5	1	7
1	7	3	9	6	5	8	2	4
5	4	8	2	7	1	9	3	6
7	8	1	3	9	4	2	6	5
4	6	2	1	5	8	3	7	9
9	3	5	6	2	7	4	8	1

522.

8	4	3	5	6	9	7	2	1
9	2	5	8	1	7	3	6	4
7	6	1	3	2	4	8	5	9
4	5	6	9	8	3	2	1	7
1	3	8	7	5	2	9	4	6
2	9	7	1	4	6	5	8	3
6	7	4	2	9	8	1	3	5
3	1	2	4	7	5	6	9	8
5	8	9	6	3	1	4	7	2

523.

6	2	5	8	9	7	4	1	3
7	4	8	1	3	5	6	9	2
1	9	3	4	2	6	8	5	7
9	8	2	5	4	1	7	3	6
3	1	4	7	6	9	5	2	8
5	7	6	3	8	2	9	4	1
8	5	1	9	7	3	2	6	4
4	6	9	2	1	8	3	7	5
2	3	7	6	5	4	1	8	9

524.

9	2	4	6	7	5	8	3	1
1	3	6	8	2	9	5	4	7
5	8	7	1	4	3	2	6	9
8	1	5	7	3	2	4	9	6
2	6	9	4	1	8	3	7	5
4	7	3	5	9	6	1	2	8
3	5	2	9	8	7	6	1	4
7	4	8	2	6	1	9	5	3
6	9	1	3	5	4	7	8	2

525.

4	1	5	3	7	6	8	9	2
3	9	8	5	1	2	7	6	4
6	2	7	8	9	4	3	5	1
1	6	3	9	2	5	4	7	8
5	7	2	4	6	8	9	1	3
8	4	9	1	3	7	6	2	5
7	5	1	6	8	3	2	4	9
2	3	4	7	5	9	1	8	6
9	8	6	2	4	1	5	3	7

526.

3	9	5	6	4	2	7	8	1
6	1	2	3	7	8	4	9	5
8	7	4	1	5	9	6	2	3
4	6	9	7	8	5	1	3	2
1	3	8	4	2	6	5	7	9
5	2	7	9	1	3	8	4	6
7	5	1	2	9	4	3	6	8
9	8	6	5	3	7	2	1	4
2	4	3	8	6	1	9	5	7

527.

9	1	5	8	7	6	3	4	2
6	7	8	3	4	2	5	1	9
2	3	4	1	5	9	8	6	7
3	2	7	4	9	8	1	5	6
4	9	1	6	3	5	2	7	8
5	8	6	2	1	7	9	3	4
8	5	2	7	6	1	4	9	3
1	6	3	9	8	4	7	2	5
7	4	9	5	2	3	6	8	1

528.

2	7	8	5	3	6	1	9	4
3	1	4	2	9	7	6	8	5
5	6	9	1	4	8	7	3	2
4	9	6	8	7	5	3	2	1
7	5	2	3	1	4	8	6	9
8	3	1	9	6	2	4	5	7
6	4	5	7	2	3	9	1	8
1	2	3	4	8	9	5	7	6
9	8	7	6	5	1	2	4	3

529.

2	7	9	4	8	1	6	5	3
6	4	8	5	2	3	9	7	1
5	1	3	9	6	7	2	8	4
1	8	6	2	7	5	4	3	9
3	2	4	1	9	8	7	6	5
7	9	5	3	4	6	1	2	8
8	5	7	6	1	4	3	9	2
4	6	2	8	3	9	5	1	7
9	3	1	7	5	2	8	4	6

530.

9	6	3	1	5	8	4	2	7
5	2	4	6	9	7	3	8	1
8	7	1	3	4	2	6	9	5
6	9	5	8	2	4	1	7	3
7	3	8	5	6	1	2	4	9
4	1	2	9	7	3	5	6	8
3	5	6	4	8	9	7	1	2
2	4	9	7	1	5	8	3	6
1	8	7	2	3	6	9	5	4

531.

8	2	5	3	1	6	7	9	4
6	4	7	8	5	9	2	1	3
1	3	9	4	7	2	5	8	6
4	9	6	1	3	5	8	7	2
3	5	8	9	2	7	4	6	1
2	7	1	6	4	8	3	5	9
5	1	2	7	9	3	6	4	8
7	6	4	2	8	1	9	3	5
9	8	3	5	6	4	1	2	7

532.

6	3	7	1	4	9	5	8	2
8	9	5	6	3	2	4	7	1
4	2	1	7	8	5	6	3	9
2	6	8	5	9	7	1	4	3
3	7	4	8	6	1	2	9	5
1	5	9	4	2	3	7	6	8
7	4	2	9	1	8	3	5	6
9	1	6	3	5	4	8	2	7
5	8	3	2	7	6	9	1	4

533.

8	9	1	2	5	6	7	4	3
4	2	6	3	9	7	8	1	5
5	7	3	1	4	8	6	2	9
9	1	2	4	6	5	3	7	8
6	5	7	8	3	1	4	9	2
3	8	4	7	2	9	1	5	6
2	6	8	5	1	4	9	3	7
1	3	9	6	7	2	5	8	4
7	4	5	9	8	3	2	6	1

534.

7	4	1	9	2	5	8	6	3
5	3	6	7	8	1	2	4	9
9	8	2	4	3	6	5	1	7
8	5	9	1	7	2	6	3	4
1	6	4	3	5	8	9	7	2
3	2	7	6	9	4	1	8	5
6	9	5	8	4	7	3	2	1
4	1	3	2	6	9	7	5	8
2	7	8	5	1	3	4	9	6